CARNET IMPÉRIAL.

EMPIRE FRANÇAIS.

———•◦•———

« La dignité impériale est rétablie. — Louis-Napoléon BONAPARTE est
Empereur des Français sous le nom de NAPOLÉON III. »

7,500,000 Suffrages.

Plébiscite des 21 et 22 Novembre 1852.

FAMILLE IMPÉRIALE.

———o∘•6•∘o———

L'EMPEREUR

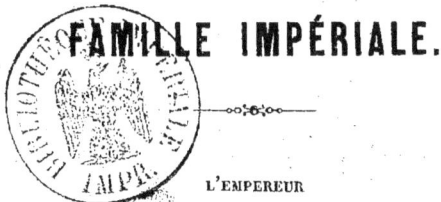

Napoléon III (CHARLES-LOUIS), né le 20 mai 1808, du mariage de LOUIS-NAPOLÉON, roi de Hollande, et de HORTENSE-EUGÉNIE, reine de Hollande.

L'IMPÉRATRICE

Eugénie (MARIE) DE GUSMAN, comtesse de Téba, née le 25 mai 1826.

LE PRINCE IMPÉRIAL

Napoléon (EUGÈNE-LOUIS-JEAN-JOSEPH), né le 16 mars 1856.

NAPOLÉON (JOSEPH-CHARLES-PAUL), né le 7 septembre 1822.	MATHILDE (LETITIA-WILHELMINE), née le 27 mai 1820.

======

Princes et Princesses de la famille de l'Empereur ayant rang à la Cour.

S. A. le prince Louis-Lucien BONAPARTE.	S. A. la princesse Clotilde NAPOLÉON (Joseph-Charles-Paul).
S. A. le prince Pierre-Napoléon BONAPARTE.	S. A. la princesse BACCIOCHI.
S. A. le prince Joseph BONAPARTE.	S. A. la princesse Napoléon - Charles BONAPARTE.
S. A. le prince Napoléon-Charles BONAPARTE.	S. A. la princesse Lucien MURAT.
S. A. le prince Lucien MURAT.	S. A. la princesse Joachim MURAT.
S. A. le prince Joachim MURAT.	S. A. la princesse Anna MURAT.

1863

MINISTRES.

OCTOBRE 1863.

M. BAROCHE,
Ministre de la Justice et des
Cultes.

M. ROUHER,
Ministre d'État.

M. ROULAND,
Ministre présidant le Conseil
d'État.

Ministre des Affaires Etrangères.
M. DROUYN DE LHUYS.

Ministre des Finances.
M. FOULD.

Ministre de l'Intérieur.
M. BOUDET.

Ministre de la Maison de l'Empereur
et des Beaux-Arts.
M. VAILLANT
(le maréchal).

Ministre de la Marine.
M. DE CHASSELOUP LAUBAT.

Ministre de l'Instruction publique.
M. DURUY.

Ministre de l'Agriculture, du Commerce
et des Travaux publics.
M. BÉHIC.

Ministre de la Guerre.
M. RANDON
(le maréchal).

Vice-Présidents du Conseil d'État :

MM. DE PARIEU, DE FORCADE DE LA ROQUETTE, CHAIX D'EST-ANGE,
VUITRY, Vice-Président honoraire.

Président du Sénat,
M. TROPLONG.

Vice-Président du Sénat,
M. DELANGLE.

Président du Corps législatif,

M. le duc DE MORNY.

Directeur général de la Sûreté publique,

M. BOITTELLE.

CORPS LÉGISLATIF.

ÉLECTIONS DE 1863.

Ain,

MM.
Budin.
Jonage (de).
Lehon.

Aisne.

Geoffroy de Villeneuve.
Malézieux.
Hebert.
Vilcoq.

Allier.

Desmaroux de Gaulmain.
Fould (Edouard).
Veauce (de).

Alpes (Basses-).

Réguis (le colonel).

Alpes (Hautes-).

Garnier.

Alpes-Maritimes.

Lubonis.
Masséna.

Ardèche.

Boissy-d'Anglas.
Dautheville (le général).
Rochemure (de).

Ardennes.

MM.
Ladoucette (de).
Montagnac (de),
Sibuet.

Ariége.

Busson.
Didier.

Aube.

Plancy (de).
Rambourgt (de).

Aude.

Dabeaux.
Roques-Salvaza.

Aveyron.

Calvet-Rogniat.
Chevalier (Auguste).
Girou de Buzareingues.

Bouches-du-Rhône

Berryer.
Bournat.
Langier de Chartrouse.
Marie.

Calvados.

Bertrand.
Caulaincourt (de).
Colbert (de).
Douesnel.

Cantal.

MM.
Creuzet.
Parieu (de)

Charente.

André.
Gellibert des Séguins.
Planat.

Charente-Infre.

Eschassériaux.
Roy-Bry.
Roy de Lonlay.
Vast-Vimeux.

Cher.

Guillaumin.
Nesle (de).

Corrèze.

Lafond de Saint Mûr.
Mathieu.

Corse.

Abbatucci (Séverin).
Gavini Sampiéro.

Côte-d'Or.

Marey-Monge.
Rolle.
Vernier.

Côtes-du-Nord.

MM.
Champagny (de).
Glais-Bizoin.
Janzé (de).
Latour (de).
Le Gorrec.

Creuse.

Delamarre.
Sallandrouze.

Dordogne.

Belleyme (de).
Dupont.
La Valette (de).
Taillefer.

Doubs.

Conégliano (de).
Latour du Moulin.

Drôme.

Lacroix-St-Pierre (Albert).
Lusy-Pellissac (de).
Morin.

Eure.

Albuféra (d').
Arjuzon (d').
Fouquet (Ph.).
Petit (Guillaume).

Eure-et-Loir.

Lebreton (le général).
Reille.

Finistère.

Bois de Mouzilly.
Conseil.
Couédic.
Dein.

Gard.

MM.
André (Ernest).
Bravais.
Robiac (de).
Talabot.

Garonne (Haute).

Aiguesvives (d').
Campaigno (de).
Duplan.
Piccioni.

Gers.

Belliard.
Granier de Cassagnac.
Lagrange (de).

Gironde.

Arman.
Curé.
David.
Pereire (Emile).
Travot.

Hérault.

Cazelles.
Pagéry.
Roulleaux-Dugage.

Ille-et-Vilaine.

Caffarelli.
Dalmas (de).
La Guistière (de).
Piré (de).

Indre.

Charlemagne.
Delavau.

Indre-et-Loire.

Gouin.
Mame.
Quinemont (de).

Isère.

MM.
Faugier.
Flocart de Mépieu.
Royer.
Voize (de).

Jura.

Dalloz.
Toulongeon (de).

Landes.

Corta.
Guillautet (de).

Loir-et-Cher.

Clary.
Crosnier.

Loire.

Balay de la Bertrandière
  (Francisque).
Bouchetal-Laroche.
Dechatelus.
Dorian.

Loire (Haute-).

La Tour Maubourg (de).
Romeuf (de).

Loire-Inférieure

Fleury.
Lanjuinais (de).
Simon.
Thoinnet de la Turmé-
  lière.

Loiret.

Grouchy (de).
Nogent Saint-Laurens
Tarente (de).

Lot.

MM.
Deltheil.
Murat.

Lot-et-Garonne.

Dolfus (Charles).
Noubel.
Richemont (de).

Lozère.

Chambrun (de).

Maine-et-Loire.

Bucher de Chauvigné.
Las-Cases (de).
Louvet.
Ségris.

Manche.

Brohier de Littinières.
Havin.
Meslin (le général).
Saint-Germain (de).

Marne.

Haudos.
Parchappe (le général).
Werlé.

Marne (Haute-).

Chauchard.
Lespérut.

Mayenne.

Leclerc d'Osmonville.
Mercier.
Pierres (de).

Meurthe.

MM.
Buquet.
Chevandier de Valdrôme.
Drouot.

Meuse.

Benoist (de).
Chadenet.
Millon.

Morbihan.

Champagny (de).
Kercado.
Le Mélorel de la Haichois.

Moselle.

Geiger (de).
Hennocque.
Wendel (de).

Nièvre.

Boucaumont.
Le Peletier d'Aunay.
Montjoyeux (de).

Nord.

Boittelle (Ed.).
Brame.
Desrotours.
Godard Desmarest.
Havrincourt (d').
Kolb-Bernard.
Lambrecht.
Plichon.
Seydoux.

Oise.

Corberon (de).
Lemaire.
Plancy (de).

Orne.

Chasot (de).
Deschamps (David).
Torcy (de).

Pas-de-Calais.

MM.
Delebecque.
Herlincourt (d').
Hérambault (d').
Martel.
Pierron-Leroy.
Pinart.

Puy-de-Dôme.

Andrieu.
Christophle.
Du Miral.
Mège.
Morny (le duc de).

Pyrénées (Basses-).

Etcheverry.
Larrabure.
O'Quin.

Pyrénées (Hautes-).

Fould (A.).
Jubinal.

Pyrénées-Orient.

Pereire (Isaac).

Rhin (Bas-).

Bulach (de).
Bussière (de).
Cœhorn (de).
Coulaux.

Rhin (Haut-).

Gros (Aimé).
Lefebure.
Reinach (de).
West.

Rhône.

MM.
Descours.
Favre (Jules).
Hénon.
Perros.
Terme.

Saône (Haute-).

Andelarre (d').
Grammont (de).
Marmier (de).

Saône-et-Loire.

Barbantane (de).
Chagor.
Chapuys-Montlaville (de).
Choiseul (de).
Schneider.

Sarthe.

Beauvau (de).
Hentjens.
Leret d'Aubigny.
Talhouët (de).

Savoie.

Boigne (de).
Palluel.

Savoie (Haute-).

Bartholoni.
Pissard.

Seine.

Darimon.
Favre (Jules).
Guéroult.
Havin.
Ollivier.
Pelletan.
Picard (Ernest).
Simon (Jules).
Thiers.

Seine-Inférieure.

MM.
Ancel.
Barbet (Henry).
Corneille.
Lédier.
Pouyer-Quertier.
Quesné (Henri).

Seine-et-Marne.

Beauverger (de).
Jaucourt (de).
Josseau.

Seine-et-Oise.

Caruel de Saint-Martin.
Dambry.
Darblay.
Richard (Maurice).

Sèvres (Deux-).

David.
Lasnonier.
Le Roux.

Somme.

Conneau.
Cosserat.
Gressier.
Morgan (de).
Séneca.

Tarn.

Daguilhon-Pujol.
Gorsse (le général).
Pereire (Eugène).

Tarn-et-Garonne.

Belmontet.
Janvier de la Motte.

Var.

MM.
Lescuyer-d'Attainville.
Kervéguen (de).

Vaucluse.

Millet.
Pamard.

Vendée.

La Paëze (de).
Le Roux.
Sainte-Hermine (de).

Vienne.

Beauchamp (de).
Bourlon.
Soubeyran (de).

Vienne (Haute-).

Calley Saint-Paul.
Noualhier.

Vosges

Aymé.
Bourcier de Villers (de).
Ravinel (de).

Yonne.

Javal.
Le Comte (Eugène).
Ornano (le comte R. d')

CONSTITUTION. [1]

14 Janvier 1852.

LE PRÉSIDENT DE LA RÉPUBLIQUE,

Considérant que le peuple français a été appelé à se prononcer sur la résolution suivante :

« Le peuple veut le maintien de l'autorité de Louis-Napoléon Bonaparte, et
» lui donne les pouvoirs nécessaires pour faire une Constitution d'après les
» bases établies dans sa proclamation du 2 décembre ; »

Considérant que les bases proposées à l'acceptation du peuple étaient :

« 1º Un chef responsable nommé pour dix ans ;
» 2º Des ministres dépendant du pouvoir exécutif seul ;
» 3º Un conseil d'État formé des hommes les plus distingués, préparant les
» lois et en soutenant la discussion devant le Corps législatif ;
» 4º Un Corps législatif discutant et votant les lois, nommé par le suffrage
» universel, sans scrutin de liste qui fausse l'élection ;
» 5º Une seconde assemblée formée de toutes les illustrations du pays, pou-
» voir pondérateur, gardien du pacte fondamental et des libertés publiques ; »

Considérant que le peuple a répondu affirmativement par sept millions cinq cent mille suffrages,

PROMULGUE LA CONSTITUTION DONT LA TENEUR SUIT :

TITRE Iᵉʳ.

ART. 1ᵉʳ. La Constitution reconnaît, confirme et garantit les grands principes proclamés en 1789, et qui sont la base du droit public des Français.

TITRE II.

FORMES DU GOUVERNEMENT DE LA RÉPUBLIQUE.

2. Abrogé par l'art. 17 du sénatus-consulte du 25 déc. 1852.

3. Le Président de la République gouverne au moyen des ministres, du conseil d'État, du Sénat et du Corps législatif.

4. La puissance législative s'exerce collectivement par le Président de la République, le Sénat et le Corps législatif.

TITRE III.

DU PRÉSIDENT DE LA RÉPUBLIQUE.

5. Le président de la République est responsable devant le peuple français, auquel il a toujours le droit de faire appel.

6. Le Président de la République est le chef de l'État ; il commande les forces

---

(1) V. les décrets des 2 fév. 1852, 8 mars 1852, 2 déc. 1852, et les sénatus-consultes des 7 nov. 1852, 25 déc. 1852, 31 déc. 1852, 17 juillet 1856, 2 fév. 1861 et 31 déc. 1861.

de terre et de mer, déclare la guerre, fait les traités de paix, d'alliance et de commerce, nomme à tous les emplois, fait les règlements et décrets nécessaires pour l'exécution des lois.

7. La justice se rend en son nom.

8. Il a seul l'initiative des lois.

9. Abrogé par l'art. 17 du sénatus-consulte du 25 déc. 1852.

10. Il sanctionne et promulgue les lois et les sénatus-consultes. (1).

11. Abrogé par l'article 17 du sénatus-consulte du 25 déc. 1852.

12. Il a le droit de déclarer l'état de siége, dans un ou plusieurs départements, sauf à en référer au Sénat dans le plus bref délai. — Les conséquences de l'état de siége, sont réglées par la loi.

13. Les ministres ne dépendent que du chef de l'Etat; ils ne sont responsables que chacun en ce qui le concerne, des actes du Gouvernement; il n'y a point de solidarité entre eux, ils ne peuvent être mis en accusation que par le Sénat.

14. Les ministres, les membres du Sénat, du Corps législatif, et du Conseil d'Etat, les officiers de terre et de mer, les magistrats et les fonctionnaires publics prêtent le serment ainsi conçu : Je jure obéissance à la Constitution et fidélité au Président (2).

15. Abrogé par l'art. 17 du sénatus-consulte du 25 décembre 1852.

16. Abrogé par l'art. 17 du sénatus-consulte du 25 décembre 1852.

17. Abrogé par l'art. 17 du sénatus-consulte du 25 décembre 1852.

18. Abrogé par l'art. 17 du sénatus-consulte du 25 décembre 1852.

TITRE IV.

DU SÉNAT.

19. Remplacé par l'art. 10 du sénatus-consulte du 25 décembre 1852.

20. Le Sénat se compose :

1° Des cardinaux, des maréchaux, des amiraux ;

2° Des citoyens que le Président de la République juge convenable d'élever à la dignité de sénateur.

21. Les sénateurs sont inamovibles et à vie.

22. Abrogé part l'art. 11 du sénatus-consulte du 25 déc. 1852.

23. Le président et les vice-présidents du Sénat sont nommés par le Président de la République et choisis parmi les sénateurs.

Ils sont nommés pour un an.

Le traitement du président du Sénat est fixé par un décret.

24. Le Président de la République convoque et proroge le Sénat. Il fixe la durée de ses sessions par un décret.

Les séances du Sénat ne sont pas publiques.

25. Le Sénat est le gardien du pacte fondamental et des libertés publiques. Aucune loi ne peut être promulguée avant de lui avoir été soumise.

26. Le Sénat s'oppose à la promulgation.

1° Des lois qui seraient contraires ou qui porteraient atteinte à la constitution, à la religion, à la morale, à la liberté des cultes, à la liberté individuelle, à l'égalité des citoyens devant la loi, à l'inviolabilité de la propriété et au principe de l'inamovibilité de la magistrature ;

2° De celles qui pourraient compromettre la défense du territoire.

27. Le Sénat règle par un sénatus-consulte :

1° La constitution des colonies et de l'Algérie ;

2° Tout ce qui n'a pas été prévu par la Constitution et qui est nécessaire à sa marche ;

3° Le sens des articles de la Constitution qui donnent lieu à différentes interprétations.

28. Ces sénatus-consultes seront soumis à la sanction du Président de la République et promulgués par lui.

29. Le Sénat maintient ou annule tous les actes qui lui sont déférés comme

(1) V. Décret du 2 déc. 1852.
(2) Formule modifiée par l'art. 16 du sénatus-consulte du 25 déc. 1852.

inconstitutionnels par le Gouvernement, ou dénoncés, pour la même cause, par les pétitions des citoyens.

30. Le Sénat peut, dans un rapport adressé au Président de la République, poser les bases des projets de loi d'un grand intérêt national.

31. Il peut également proposer des modifications à la Constitution. Si la proposition est adoptée par le Pouvoir exécutif, il y est statué par un sénatus-consulte.

32. Néanmoins, sera soumise au suffrage universel toute modification aux bases fondamentales de la Constitution, telles qu'elles ont été posées dans la proclamation du 2 décembre et adoptées par le peuple français.

33. En cas de dissolution du Corps législatif, et jusqu'à une nouvelle convocation, le Sénat, sur la proposition du Président de la République, pourvoit, par des mesures d'urgence, à tout ce qui est nécessaire à la marche du Gouvernement.

TITRE V.

DU CORPS LÉGISLATIF.

34. L'élection a pour base la population (1).

35. Il y aura un député au Corps législatif à raison de trente-cinq mille électeurs (2).

36. Les députés sont élus par le suffrage universel, sans scrutin de liste.

37. Ils ne reçoivent aucun traitement (3).

38. Ils sont nommés pour six ans.

39. Le Corps législatif discute et vote les projets de loi et l'impôt.

40. Tout amendement adopté par la commission chargée d'examiner un projet de loi sera renvoyé, sans discussion, au conseil d'État par le président du Corps législatif. — Si l'amendement n'est pas adopté par le conseil d'État, il ne pourra pas être soumis à la délibération du Corps législatif.

41. Les sessions ordinaires du Corps législatif durent trois mois ; ses séances sont publiques ; mais la demande de cinq membres suffit pour qu'il se forme en comité secret.

42. Le compte rendu des séances du Corps législatif par les journaux ou tout autre moyen de publication ne consistera que dans la reproduction du procès-verbal dressé, à l'issue de chaque séance, par les soins du président du Corps législatif (4).

43. Le président et les vice-présidents du Corps législatif sont nommés par le Président de la République pour un an ; ils sont choisis parmi les députés. Le traitement du président du Corps législatif est fixé par un décret.

44. Les ministres ne peuvent être membres du Corps législatif.

45. Le droit de pétition s'exerce auprès du Sénat. Aucune pétition ne peut être adressée au Corps législatif.

46. Le Président de la République convoque, ajourne, proroge et dissout le Corps législatif. En cas de dissolution, le Président de la République doit en convoquer un nouveau dans le délai de six mois.

TITRE VI.

DU CONSEIL D'ÉTAT.

47. Le nombre des conseillers d'État en service ordinaire est de quarante à cinquante.

48. Les conseillers d'État sont nommés par le Président de la République, et révocables par lui.

49. Remplacé par l'art. 2 du sénatus-consulte du 25 décembre 1852.

---

(1) V. le décret du 2 fév. 1852, organique pour l'élection des députés au Corps législatif.

(2) Modifié par le sénatus-consulte du 27 mai 1857. V. Élections.

(3) Abrogé par l'article 17 du sénatus-consulte du 25 déc. 1852, et remplacé par l'art. 14 de ce même sénatus-consulte.

(4) Modifié par le sénatus-consulte du 2 fév. 1861.

50. Le conseil d'Etat est chargé, sous la direction du Président de la République, de rédiger les projets de loi et les réglements d'administration publique, et de résoudre les difficultés qui s'élèvent en matière d'administration.

51. Il soutient, au nom du Gouvernement, la discussion des projets de loi devant le Sénat et le Corps législatif.

Les conseillers d'Etat chargés de porter la parole au nom du Gouvernement sont désignés par le Président de la République.

52. Le traitement de chaque conseiller d'Etat est de vingt-cinq mille francs.

53. Les ministres ont rang, séance et voix délibérative au conseil d'Etat.

TITRE VII.

DE LA HAUTE COUR DE JUSTICE.

54. Une Haute Cour de justice juge, sans appel ni recours en cassation, toutes personnes qui auront été renvoyées devant elle comme prévenues de crimes, attentats ou complots contre le Président de la République ou contre la sûreté intérieure ou extérieure de l'Etat.

Elle ne peut être saisie qu'en vertu d'un décret du Président de la République.

55. Un sénatus-consulte déterminera l'organisation de cette Haute Cour.

TITRE VIII.

DISPOSITIONS GÉNÉRALES ET TRANSITOIRES.

56. Les dispositions des Codes, lois et règlements existants, qui ne sont pas contraires à la présente Constitution, restent en vigueur jusqu'à ce qu'il y soit legalement dérogé.

57. Une loi déterminera l'organisation municipale. Les maires seront nommés par le pouvoir exécutif, et pourront être pris hors du conseil municipal.

58. La présente Constitution sera en vigueur à dater du jour où les grands corps de l'Etat qu'elle organise seront constitués. Les décrets rendus par le Président de la République, à partir du 2 décembre jusqu'à cette époque, auront force de loi.

ÉLECTIONS.

2 Février 1852

DÉCRET ORGANIQUE

Pour l'élection des députés au Corps législatif.

TITRE 1er.

DU CORPS LÉGISLATIF.

ART. 1er. Chaque département aura un député en raison de trente-cinq mille électeurs ; néanmoins, il est attribué un député de plus à chacun des départements dans lesquels le nombre excédant des électeurs s'élève à vingt-cinq mille. En conséquence, le nombre total des députés au prochain Corps législatif est de deux cent soixante-et-un. — L'Algérie et les colonies ne nomment pas de députés au Corps législatif.

2. Chaque département est divisé, par un décret du pouvoir exécutif, en cir-

conscriptions électorales égales en nombre aux députés qui lui sont attribués par le tableau annexé à la présente loi. — Ce tableau sera révisé tous les cinq ans. — Chaque circonscription élit un seul député (1).

3. Le suffrage est direct et universel. — Le scrutin est secret. — Les électeurs se réunissent au chef-lieu de leur commune. — Chaque commune peut néanmoins être divisée, par arrêté du préfet, en autant de sections que le rend nécessaire le nombre des électeurs inscrits; l'arrêté pourra fixer le siége de ces sections hors du chef-lieu de la commune.

4. Les colléges électoraux sont convoqués par un décret du pouvoir exécutif. L'intervalle entre la promulgation du décret et l'ouverture des colléges électoraux est de vingt jours au moins.

5. Les opérations électorales sont vérifiées par le Corps législatif, qui est seul juge de leur validité.

6. Nul n'est élu ni proclamé député au Corps législatif, au premier tour de scrutin, s'il n'a réuni, — 1° la majorité absolue des suffrages exprimés; — 2° un nombre de voix égal au quart de celui des électeurs inscrits sur la totalité des listes de la circonscription électorale. — Au second tour de scrutin, l'élection a lieu à la majorité relative, quel que soit le nombre des votants; dans le cas où les candidats obtiendraient un nombre égal de suffrages, le plus âgé sera proclamé député.

7. Le député élu dans plusieurs circonscriptions électorales doit faire connaître son option au président du Corps législatif dans les dix jours qui suivront la déclaration de la validité de ces élections.

8. En cas de vacance par option, décès, démission ou autrement, le collège électoral qui doit pourvoir à la vacance est réuni dans le délai de six mois.

9. Les députés ne pourront être recherchés, accusés ni jugés en aucun temps pour les opinions qu'ils auront émises dans le sein du Corps législatif.

10. Aucune contrainte par corps ne peut être exercée contre un député durant la session et pendant les six semaines qui l'auront précédée ou suivie.

11. Aucun membre du Corps législatif ne peut, pendant la durée de la session, être poursuivi ni arrêté en matière criminelle, sauf le cas de flagrant délit, qu'après que le Corps législatif a autorisé la poursuite.

TITRE II.

DES ÉLECTEURS ET DES LISTES ÉLECTORALES.

12. Sont électeurs, sans condition de cens, tous les Français, âgés de vingt-et-un ans accomplis, jouissant de leurs droits civils et politiques.

13. La liste électorale est dressée, pour chaque commune, par le maire. Elle comprend, par ordre alphabétique, — 1° tous les électeurs habitant dans la commune depuis six mois au moins; — 2° ceux qui, n'ayant pas atteint, lors de la formation de la liste, les conditions d'âge et d'habitation, doivent les acquérir avant la clôture définitive.

14. Les militaires en activité de service et les hommes retenus pour le service des ports ou de la flotte, en vertu de leur immatriculation sur les rôles de l'inscription maritime, seront portés sur les listes des communes où ils étaient domiciliés avant leur départ. — Ils ne pourront voter pour les députés au Corps législatif que lorsqu'ils seront présents, au moment de l'élection, dans la commune où ils seront inscrits.

15. Ne doivent pas être inscrits sur les listes électorales, — 1° les individus privés de leurs droits civils et politiques par suite de condamnation, soit à des peines afflictives ou infamantes, soit à des peines infamantes seulement; 2° ceux auxquels les tribunaux, jugeant correctionnellement, ont interdit le droit de vote et d'élection, par application des lois qui autorisent cette interdiction; — 3° les condamnés pour crime à l'emprisonnement, par application de l'art. 463 du Code pénal; — 4° ceux qui ont été condamnés à trois mois de prison par application des art. 318 et 423 du Code pénal; 5° les condamnés pour vol, escroquerie, abus de confiance, soustraction commise par les dépositaires de

---

(1) Le nombre et la composition des circonscriptions électorales ont été fixés par décret du 5 fév. 1852.

deniers publics, ou attentats aux mœurs, prévus par les art. 330 et 334 du Code pénal, quelle que soit la durée de l'emprisonnement auquel ils ont été condamnés ; — 6° les individus qui, par application de l'art. 8 de la loi du 17 mai 1819 et de l'art. 3 du décret du 11 août 1848, auront été condamnés pour outrage à la morale publique et religieuse ou aux bonnes mœurs, et pour attaque contre le principe de la propriété et les droits de la famille ; — 7° les individus condamnés à plus de trois mois d'emprisonnement en vertu des art. 31, 33, 34, 35, 36, 38, 39, 40, 41, 42, 45, 46 de la présente loi ; — 8° les notaires, greffiers et officiers ministériels destitués en vertu de jugements ou décisions judiciaires ; — 9° les condamnés pour vagabondage ou mendicité ; — 10° ceux qui auront été condamnés à trois mois de prison au moins, par application des articles 439, 443, 444, 445, 446, 447 et 452 du Code pénal ; — 11° ceux qui auront été déclarés coupables des délits prévus par les art. 410 et 411 du Code pénal et par la loi du 21 mai 1836 portant prohibition des loteries ; — 12° les militaires condamnés au boulet ou aux travaux publics ; — 13° les individus condamnés à l'emprisonnement par application des art. 38, 41, 43 et 45 de la loi du 21 mars 1833 sur le recrutement de l'armée, — 14° les individus condamnés à l'emprisonnement par application de l'art. 1er de la loi du 27 mars 1851 ; — 15° ceux qui ont été condamnés pour délit d'usure ; — 16° les interdits ; — 17° les faillis non réhabilités dont la faillite a été déclarée soit par les tribunaux français, soit par jugements rendus à l'étranger, mais exécutoires en France.

16. Les condamnés à plus d'un mois d'emprisonnement pour rébellion, outrages et violences envers les dépositaires de l'autorité ou de la force publique, pour outrages publics envers un juré à raison de ses fonctions ou envers un témoin à raison de sa déposition, pour délits prévus par la loi sur les attroupements et la loi sur les clubs, et pour infractions à la loi sur le colportage, ne pourront pas être inscrits sur la liste électorale pendant cinq ans, à dater de l'expiration de leur peine.

17. Les listes électorales qui ont servi au vote des 20 et 21 décembre 1851 sont déclarées valables jusqu'au 31 mars 1853.

18. Les listes électorales sont permanentes. — Elles sont l'objet d'une révision annuelle. — Un décret du pouvoir exécutif déterminera les règles et les formes de cette opération.

19. Lors de la révision annuelle, et dans les délais qui seront réglés par les décrets du pouvoir exécutif, tout citoyen omis sur la liste pourra présenter sa réclamation à la mairie. — Tout électeur inscrit sur l'une des listes de la circonscription électorale pourra réclamer la radiation ou l'inscription d'un individu omis ou indûment inscrit. — Le même droit appartient aux préfets et aux sous-préfets. — Il sera ouvert, dans chaque mairie, un registre sur lequel les réclamations seront inscrites par ordre de date. Le maire devra donner récépissé de chaque réclamation. — L'électeur dont l'inscription aura été contestée en sera averti sans frais, par le maire, et pourra présenter ses observations.

20. Les réclamations seront jugées par une commission composée, à Paris, du maire et de deux adjoints ; partout ailleurs, du maire et de deux membres du conseil municipal désignés par le conseil.

21. Notification de la décision sera, dans les trois jours, faite aux parties intéressées par le ministère d'un agent assermenté. — Elles pourront interjeter appel dans les cinq jours de la notification.

22. L'appel sera porté devant le juge de paix du canton ; il sera formé par simple déclaration au greffe ; le juge de paix statuera dans les dix jours, sans frais ni forme de procédure, et sur simple avertissement, donné trois jours à l'avance à toutes les parties intéressées. — Toutefois si la demande portée devant lui implique la solution préjudicielle d'une question d'État, il renverra préalablement les parties à se pourvoir devant les juges compétents, et fixera un bref délai dans lequel la partie qui aura élevé la question préjudicielle devra justifier de ses diligences. — Il sera procédé, en ce cas, conformément aux articles 855, 856 et 858 du Code de procédure.

23. La décision du juge de paix est en dernier ressort, mais elle peut être déférée à la Cour de cassation. — Le pourvoi n'est recevable que s'il est formé dans les dix jours de la notification de la décision. — Il n'est pas suspensif. —

Il est formé par simple requête, dénoncée aux défendeurs dans les dix jours qui suivent ; il est dispensé de l'intermédiaire d'un avocat à la Cour, et jugé d'urgence, sans frais ni consignation d'amende. — Les pièces et mémoires fournis par les parties sont transmis sans frais par le greffier de la justice de paix au greffier de la Cour de cassation. — La chambre des requêtes de la Cour de cassation statue définitivement sur le pourvoi.

24. Tous les actes judiciaires, sont en matière électorale, dispensés du timbre et enregistrés gratis. — Les extraits des actes de naissance nécessaires pour établir l'âge des électeurs sont délivrés gratuitement, sur papier libre, à tout réclamant. Ils portent en tête de leur texte l'énonciation de leur destination spéciale et ne peuvent servir à aucune autre.

25. L'élection est faite sur la liste révisée pendant toute l'année qui suit la clôture de la liste.

TITRE III.

DES ÉLIGIBLES.

26. Sont éligibles, sans condition de domicile, tous les électeurs âgés de vingt-cinq ans.

27. Sont déclarés indignes d'être élus les individus désignés aux art. 15 et 16 de la présente loi.

28. Sera déchu de la qualité de membre du Corps législatif tout député qui, pendant la durée de son mandat, aura été frappé d'une condamnation emportant, aux termes de l'article précédent, la privation du droit d'être élu. — La déchéance sera prononcée par le Corps législatif sur le vu des pièces justificatives.

29. Toute fonction publique rétribuée est incompatible avec le mandat de député au Corps législatif. Tout fonctionnaire rétribué, élu député au Corps législatif, sera réputé démissionnaire de ses fonctions par le seul fait de son admission comme membre du Corps législatif, s'il n'a pas opté avant la vérification de ses pouvoirs. — Tout député au Corps législatif est réputé démissionnaire par le seul fait de l'acceptation de fonctions publiques salariées.

30. Ne pourront être élus dans tout ou partie de leur ressort, pendant les six mois qui suivraient leur destitution, leur démission ou tout autre changement de leur position, les fonctionnaires publics ci-après indiqués : — les premiers présidents, les procureurs généraux ; — les présidents des tribunaux civils et les procureurs de la République; — le commandant supérieur des gardes nationales de la Seine; — le préfet de police, les préfets et les sous-préfets ; — les archevêques, évêques et vicaires généraux ; — les officiers généraux commandant les divisions et subdivisions militaires; — les préfets maritimes.

TITRE IV.

DISPOSITIONS PÉNALES.

31. Toute personne qui se sera fait inscrire sur la liste électorale sous de faux noms ou de fausses qualités, ou aura, en se faisant inscrire, dissimulé une incapacité prévue par la loi, ou aura réclamé et obtenu une inscription sur deux ou plusieurs listes, sera punie d'un emprisonnement d'un mois à un an et d'une amende de 100 francs à 1,000 francs.

32. Celui qui, déchu du droit de voter, soit par suite d'une condamnation judiciaire, soit par suite d'une faillite non suivie de réhabilitation, aura voté, soit en vertu d'une inscription sur les listes antérieures à sa déchéance, soit en vertu d'une inscription postérieure, mais opérée sans sa participation, sera puni d'un emprisonnement de quinze jours à trois mois et d'une amende de 20 à 500 francs.

33. Quiconque aura voté dans une assemblée électorale, soit en vertu d'une inscription obtenue dans les deux premiers cas prévus par l'art. 31, soit en prenant faussement les noms et qualités d'un électeur inscrit, sera puni d'un emprisonnement de six mois à deux ans, et d'une amende de 200 francs à 2,000 francs.

34. Sera puni de la même peine tout citoyen qui aura profité d'une inscription multiple pour voter plus d'une fois.

35. Quiconque étant chargé, dans un scrutin, de recevoir, compter ou dépouiller les bulletins contenant les suffrages des citoyens, aura soustrait, ajouté ou altéré des bulletins, ou lu un nom autre que celui inscrit, sera puni d'un emprisonnement d'un an à cinq ans et d'une amende de 500 francs à 5,000 francs.

36. La même peine sera appliquée à tout individu qui, chargé par un électeur d'écrire son suffrage, aura inscrit sur le bulletin un nom autre que celui qui lui était désigné.

37. L'entrée dans l'assemblée électorale avec armes apparentes est interdite. En cas d'infraction, le contrevenant sera passible d'une amende de 16 à 100 francs. — La peine sera d'un emprisonnement de quinze jours à trois mois et d'une amende de 50 francs à 300 francs si les armes étaient cachées.

38. Quiconque aura donné, promis ou reçu des deniers, effets ou valeurs quelconques, sous la condition soit de donner ou de procurer un suffrage, soit de s'abstenir de voter, sera puni d'un emprisonnement de trois mois à deux ans et d'une amende de 500 francs à 5,000 francs. — Seront punis des mêmes peines ceux qui, sous les mêmes conditions, auront fait ou accepté l'offre ou la promesse d'emploi publics ou privés. — Si le coupable est fonctionnaire public, la peine sera du double.

39. Ceux qui, soit par voies de fait, violences ou menaces contre un électeur, soit en lui faisant craindre de perdre son emploi ou d'exposer à un dommage sa personne, sa famille ou sa fortune, l'auront déterminé à s'abstenir de voter, ou auront influencé un vote, seront punis d'un emprisonnement d'un mois à un an et d'une amende de 100 francs à 1,000 francs ; la peine sera du double si le coupable est fonctionnaire public.

40. Ceux qui, à l'aide de fausses nouvelles, bruits calomnieux, ou autres manœuvres frauduleuses, auront surpris ou détourné des suffrages, déterminé un ou plusieurs électeurs à s'abstenir de voter, seront punis d'un emprisonnement d'un mois à un an et d'une amende de 100 francs à 2,000 francs.

41. Lorsque, par attroupements, clameurs ou démonstrations menaçantes, on aura troublé les opérations d'un collége électoral, porté atteinte à l'exercice du droit électoral ou à la liberté du vote, les coupables seront punis d'un emprisonnement de trois mois à deux ans, et d'une amende de 100 francs à 2,000 francs.

42. Toute irruption dans un collége électoral, consommée ou tentée avec violence, en vue d'empêcher un choix, sera punie d'un emprisonnement d'un an à cinq ans, et d'une amende de 1,000 francs à 5,000 francs.

43. Si les coupables étaient porteurs d'armes, ou si le scrutin a été violé, la peine sera la réclusion.

44. Elle sera des travaux forcés à temps si le crime a été commis par suite d'un plan concerté pour être exécuté soit dans toute la République, soit dans un ou plusieurs départements, soit dans un ou plusieurs arrondissements.

45. Les membres d'un collége électoral qui, pendant la réunion, se seront rendus coupables d'outrages ou de violences, soit envers le bureau, soit envers l'un de ses membres, ou qui par voies de fait ou menaces, auront retardé ou empêché les opérations électorales, seront punis d'un emprisonnement d'un mois à un an, et d'une amende de 100 francs à 2,000 francs. — Si le scrutin a été violé, l'emprisonnement sera d'un an à cinq ans, et l'amende de 1,000 à 5,000 francs.

46. L'enlèvement de l'urne contenant les suffrages émis et non encore dépouillés sera puni d'un emprisonnement d'un an à cinq ans, et d'une amende de 1,000 à 5,000 francs. — Si cet enlèvement a été effectué en réunion et avec violence, la peine sera la réclusion.

47. La violation du scrutin faite, soit par les membres du bureau, soit par les agents de l'autorité préposés à la garde des bulletins non encore dépouillés, sera punie de la réclusion.

48. Les crimes prévus par la présente loi seront jugés par la Cour d'assises, et les délits par les tribunaux correctionnels ; l'article 463 du Code pénal pourra être appliqué.

49. En cas de conviction de plusieurs crimes ou délits prévus par la présente loi et commis antérieurement au premier acte de poursuite, la peine la plus forte sera seule appliquée.

50. L'action publique et l'action civile seront prescrites après trois mois, à partir du jour de la proclamation du résultat de l'élection.

51. La condamnation, s'il en est prononcé, ne pourra, en aucun cas, avoir pour effet d'annuler l'élection déclarée valide par les pouvoirs compétents, ou dûment définitive par l'absence de toute protestation régulière formée dans les délais voulus par les lois spéciales.

52. — Les lois antérieures sont abrogées en ce qu'elles sont contraires aux dispositions de la présente loi.

TITRE V.

DISPOSITIONS GÉNÉRALES.

53. Pour l'élection du Président de la République, une loi spéciale réglera le mode de votation de l'armée.

54. Un décret réglementaire, rendu en exécution des dispositions de l'article 6 de la Constitution, fixera : — 1° les formalités administratives pour la révision annuelle des listes ; — 2° toutes les dispositions relatives à la composition, aux attributions et aux opérations des collèges électoraux.

2 Février 1852.

DÉCRET RÉGLEMENTAIRE

Pour l'élection au Corps législatif.

TITRE Ier.

RÉVISION ANNUELLE DES LISTES ÉLECTORALES.

Art. 1er. La révision annuelle des listes électorales s'opère conformément aux règles qui suivent : — du 1er au 10 janvier de chaque année, le maire de chaque commune ajoute à la liste les citoyens qu'il reconnaît avoir acquis les qualités exigées par la loi, ceux qui acquerront les conditions d'âge et d'habitation avant le 1er avril et ceux qui auraient été précédemment omis. — Il en retranche, — 1° les individus décédés ; — 2° ceux dont la radiation a été ordonnée par l'autorité compétente ; — 3° ceux qui ont perdu les qualités requises par la loi ; — 4° ceux qu'il reconnaît avoir été indûment inscrits, quoique leur inscription n'ait point été attaquée. — Il tient un registre de toutes ces décisions, et y mentionne les motifs et les pièces à l'appui.

2. Le tableau contenant les additions et retranchements faits par le maire à la liste électorale est déposé au plus tard le 15 janvier au secrétariat de la commune. — Ce tableau sera communiqué à tout requérant qui pourra le recopier et le reproduire par la voie de l'impression. Le jour même de ce dépôt, avis en sera donné par affiches aux lieux accoutumés.

3. Une copie du tableau et du procès-verbal constatant l'accomplissement des formalités prescrites par l'article précédent sera en même temps transmise au sous-préfet de l'arrondissement, qui l'adressera, dans les deux jours, avec ses observations, au préfet du département.

4. Si le préfet estime que les formalités et les délais prescrits par la loi n'ont pas été observés, il devra, dans les deux jours de la réception du tableau, déférer les opérations du maire au conseil de préfecture du département, qui statuera dans les trois jours et fixera, s'il y a lieu, le délai dans lequel les opérations annulées devront être refaites.

5. Les demandes en inscription ou en radiation devront être formées dans les dix jours à compter de la publication des listes.

6. Le juge de paix donnera avis des infirmations par lui prononcées au préfet et au maire dans les trois jours de la décision.

7. Le 31 mars de chaque année, le maire opère toutes les rectifications régulièrement ordonnées, transmet au préfet le tableau de ces rectifications et arrête

définitivement la liste électorale de la commune. — La minute de la liste électorale reste déposée au secrétariat de la commune : le tableau rectificatif transmis au préfet reste déposé avec la copie de la liste électorale au secrétariat général du département. — Communication en doit toujours être donnée aux citoyens qui la demandent.

8. La liste électorale reste jusqu'au 31 mars de l'année suivante telle qu'elle a été arrêtée, sauf néanmoins les changements qui y auraient été ordonnés par décision du juge de paix, et sauf aussi la radiation des noms des électeurs décédés ou privés des droits civils et politiques par jugement ayant force de chose jugée.

TITRE II.

DES COLLÉGES ÉLECTORAUX.

9. Les colléges électoraux devront être réunis, autant que possible, un dimanche ou un jour férié.

10. Les colléges électoraux ne peuvent s'occuper que de l'élection pour laquelle ils sont réunis. — Toutes discussions, toutes délibérations leur sont interdites.

11. Le président du collége ou de la section a seul la police de l'assemblée. — Nulle force armée ne peut, sans son autorisation, être placée dans la salle des séances, ni aux abords du lieu où se tient l'assemblée. — Les autorités civiles et les commandants militaires sont tenus de déférer à ses réquisitions.

12. Le bureau de chaque collége ou section est composé d'un président, de quatre assesseurs et d'un secrétaire choisis par eux parmi les électeurs. — Dans les délibérations du bureau, le secrétaire n'a que voix consultative.

13. Les colléges et sections sont présidés par les maires, adjoints et conseillers municipaux de la commune ; à leur défaut les présidents sont désignés par le maire, parmi les électeurs sachant lire et écrire. — A Paris, les sections sont présidées dans chaque arrondissement par le maire, les adjoints ou les électeurs désignés par eux.

14. Les assesseurs sont pris, suivant l'ordre du tableau, parmi les conseilseillers municipaux sachant lire et écrire ; à leur défaut, les assesseurs sont les deux plus âgés et les deux plus jeunes électeurs présents sachant lire et écrire. — A Paris les fonctions d'assesseurs sont remplies dans chaque section par les deux plus âgés et les deux plus jeunes électeurs sachant lire et écrire.

15. Trois membres du bureau au moins doivent être présents pendant tout le cours des opérations du collége.

16. Le bureau prononce provisoirement sur les difficultés qui s'élèvent touchant les opérations du collége ou de la section. — Ses décisions sont motivées. — Toutes les réclamations et décisions sont inscrites au procès-verbal ; les pièces ou bulletins qui s'y rapportent y sont annexés, après avoir été parafés par le bureau.

17. Pendant toute la durée des opérations électorales, une copie officielle de la liste des électeurs, contenant les noms, domiciles et qualification de chacun des inscrits, reste déposée sur la table autour de laquelle siège le bureau.

18. Tout électeur inscrit sur cette liste a le droit de prendre part au vote. — Néanmoins ce droit est suspendu pour les détenus, pour les accusés contumaces, et pour les personnes non interdites, mais retenues, en vertu de la loi du 30 juin 1838, dans un établissement public d'aliénés.

19. Nul ne peut être admis à voter s'il n'est inscrit sur la liste. — Toutefois, seront admis au vote, quoique non inscrits, les citoyens porteurs d'une décision du juge de paix, ordonnant leur inscription, ou d'un arrêt de la Cour de cassation annulant un jugement qui aurait prononcé une radiation.

20. Nul électeur ne peut entrer dans le collége électoral s'il est porteur d'armes quelconques.

21. Les électeurs sont appelés successivement par ordre alphabétique. — Ils apportent leur bulletin préparé en dehors de l'assemblée. — Le papier du bulletin doit être blanc et sans signes extérieurs.

22. A l'appel de son nom, l'électeur remet au président son bulletin fermé. — Le président le dépose dans la boîte du scrutin, laquelle doit, avant le commen-

cement du vote, avoir été ermée à deux serrures, dont les clefs restent, l'une entre les mains du président, l'autre, entre celles du scrutateur le plus âgé.

23. Le vote de chaque électeur est constaté par la signature ou le parafe de l'un des membres du bureau, apposé sur la liste en marge du nom du votant.

24. L'appel étant terminé, il est procédé au réappel de tous ceux qui n'ont pas voté.

25. Le scrutin reste ouvert pendant deux jours : le premier jour, depuis huit heures du matin, jusqu'à six heures du soir ; et le second jour, depuis huit heures du matin, jusqu'à quatre heures du soir.

26. Les boîtes du scrutin sont scellées et déposées pendant la nuit, au secrétariat ou dans la salle de la mairie. — Les scellés sont également apposés sur les ouvertures de la salle où les boîtes ont été déposées.

27. Après la clôture du scrutin, il est procédé au dépouillement de la manière suivante : — la boîte du scrutin est ouverte, et le nombre des bulletins vérifié. — Si ce nombre est plus grand ou moindre que celui des votants, il en est fait mention au procès-verbal. — Le bureau désigne parmi les électeurs présents un certain nombre de scrutateurs sachant lire et écrire, lesquels se divisent par tables de quatre au moins. — Le président répartit entre les diverses tables les bulletins à vérifier. — A chaque table, l'un des scrutateurs lit chaque bulletin à haute voix et le passe à un autre scrutateur ; les noms portés sur les bulletins sont relevés sur des listes préparées à cet effet.

28. Le président et les membres du bureau surveillent l'opération du dépouillement. — Néanmoins dans les colléges ou sections où il se sera présenté moins de trois cents votants, le bureau pourra procéder lui-même et sans l'intervention de scrutateurs supplémentaires, au dépouillement du scrutin.

29. Les tables sur lesquelles s'opèrent le dépouillement du scrutin sont disposées de telle sorte que les électeurs puissent circuler alentour.

30. Les bulletins blancs, ceux ne contenant par une désignation suffisante, ou dans lesquels les votants se font connaître, n'entrent point en compte dans le résultat du dépouillement, mais ils sont annexés au procès-verbal.

31. Immédiatement après le dépouillement, le résultat du scrutin est rendu public, et les bulletins autres que ceux qui, conformément aux art. 16 et 30, doivent être annexés au procès-verbal, sont brûlés en présence des électeurs.

32. Pour les collèges divisés en plusieurs sections, le dépouillement du scrutin se fait dans chaque section. Le résultat est immédiatement arrêté et signé par le bureau ; il est ensuite porté par le président au bureau de la première section, qui, en présence des présidents des autres sections, opère le recensement général des votes et en proclame le résultat.

33. Les procès-verbaux des opérations électorales de chaque commune sont rédigés en double. — L'un de ces doubles reste déposé au secrétariat de la mairie ; l'autre double est transmis au sous-préfet de l'arrondissement, qui le fait parvenir au préfet du département.

34. Le recensement général des votes, pour chaque circonscription électorale, se fait au chef-lieu du département, en séance publique. — Il est opéré par une commission composée de trois membres du conseil général. — A Paris le recensement est fait par une commission de cinq membres du conseil général, désignés par le préfet de la Seine. — Cette opération est constatée par un procès-verbal.

35. Le recensement général des votes étant terminé, le président de la commission en fait connaître le résultat. — Il proclame député au Corps législatif celui des candidats qui a satisfait aux deux conditions exigées par l'art. 6 du décret organique.

36. Si aucun des candidats n'a obtenu la majorité absolue des suffrages, et le vote en sa faveur du quart au moins des électeurs inscrits, l'élection est continuée au deuxième dimanche qui suit le jour de la proclamation du résultat du scrutin.

37. Aussitôt après la proclamation du résultat des opérations électorales, les procès-verbaux et les pièces y annexées sont transmis, par les soins des préfets et l'intermédiaire du ministre de l'intérieur, au Corps législatif.

27 Mai 1857.

SÉNATUS-CONSULTE

Qui modifie l'art. 35 de la Constitution.

ART. 1er. L'article 35 de la Constitution est modifié ainsi qu'il suit : — « Il
» y aura un député au Corps législatif à raison de trente-cinq mille électeurs ;
» néanmoins, il est attribué un député de plus à chacun des départements dans
» lequel le nombre excédant des électeurs dépasse dix-sept mille cinq cents. »
2. Un décret impérial réglera le tableau des députés à élire dans chaque département, en conformité du présent sénatus-consulte.

17 Février 1858.

SÉNATUS-CONSULTE

Qui exige le serment des candidats à la députation.

SÉNATUS-CONSULTE portant que les candidats au mandat de député au Corps
législatif devront, huit jours au moins avant l'ouverture du scrutin, déposer
à la préfecture un écrit contenant le serment formulé dans l'article 16 du
sénatus-consulte du 25 décembre 1852.

ART. 1er. Nul ne peut être élu député au Corps législatif si, huit jours au
moins avant l'ouverture du scrutin, il n'a déposé, soit en personne, soit par un
fondé de pouvoirs en forme authentique, au secrétariat de la préfecture du département dans lequel se fait l'élection, un écrit signé de lui, contenant le serment formulé dans l'art. 16 du sénatus-consulte du 25 déc. 1852.
L'écrit déposé ne peut, à peine de nullité contenir que ces mots : *Je jure
obéissance à la Constitution et fidélité à l'Empereur.*
Il en est donné récépissé.
2. La publication d'une candidature, la distribution et l'affichage des circu-
laires et des bulletins électoraux pour lesquels le dépôt au parquet du procureur
impérial aura été effectué, ne peuvent avoir lieu qu'après que le candidat s'est
conformé aux dispositions de l'article précédent.
Toute publication, distribution, ou tout affichage antérieurs, seront punis des
peines portées par l'art. 6 de la loi du 27 juillet 1849. (1)
3. Pendant la durée des opérations électorales, un tableau, certifié par le
préfet, et contenant les noms des candidats qui ont rempli, dans le délai voulu,
la prescription de l'art. 1er du présent sénatus-consulte, est déposé sur le
bureau.
4. Les bulletins portant le nom d'un candidat qui ne se sera pas conformé aux
dispositions de l'art. 1er du présent sénatus-consulte, sont nuls et n'entrent
point en compte dans le résultat du dépouillement du scrutin ; mais ils sont
annexés au procès-verbal.

---

(1) Tous distributeurs ou colporteurs de livres, écrits, brochures, gravures et litho-
graphies, devront être pourvus d'une autorisation qui leur sera délivrée, pour le département de la Seine, par le préfet de police, et pour les autres départements, par les
préfets. — Ces autorisations pourront toujours être retirées par les autorités qui les
auront délivrées. — Les contrevenants seront condamnés, par les tribunaux correctionnels, à un emprisonnement d'un mois à six mois et à une amende de vingt-cinq francs
à cinq cents francs, sans préjudice des poursuites qui pourraient être dirigées pour
crimes ou délits, soit contre les auteurs ou éditeurs de ces écrits, soit contre les distributeurs ou colporteurs eux-mêmes. (Art. 6 de la loi du 27 juillet 1849.)

COMPLÉMENT DE LA CONSTITUTION.

4 novembre 1848.

CONSTITUTION DE LA RÉPUBLIQUE FRANÇAISE (1).

CHAPITRE II.

DROITS DES CITOYENS GARANTIS PAR LA CONSTITUTION.

2. Nul ne peut être arrêté ou détenu que suivant les prescriptions de la loi.
3. La demeure de toute personne habitant le territoire français est inviolable ; il n'est permis d'y pénétrer que selon les formes et dans les cas prévus par la loi.
11. Toutes les propriétés sont inviolables. Néanmoins l'État peut exiger le sacrifice d'une propriété pour cause d'utilité publique légalement constatée, et moyennant une juste et préalable indemnité.
16. Aucun impôt ne peut être établi ni perçu qu'en vertu de la loi.
17. L'impôt direct n'est consenti que pour un an. — Les impositions indirectes peuvent être consenties pour plusieurs années.

CHAPITRE VIII.

DU POUVOIR JUDICIAIRE.

81. La justice est rendue gratuitement au nom du peuple français. — Les débats sont publics, à moins que la publicité ne soit dangereuse pour l'ordre ou les mœurs ; et, dans ce cas, le tribunal le déclare par un jugement.
82. Le jury continuera d'être appliqué en matière criminelle.

9 août 1849.

LOI

Sur l'état de siége (2).

CHAPITRE Ier.

DES CAS OU L'ÉTAT DE SIÉGE PEUT ÊTRE DÉCLARÉ.

ART. 1er. L'état de siége ne peut être déclaré qu'en cas de péril imminent pour la sécurité intérieure ou extérieure.

CHAPITRE II.

DES FORMES DE LA DÉCLARATION DE L'ÉTAT DE SIÉGE.

2. L'Assemblée nationale peut seule déclarer l'état de siége, sauf les exceptions ci-après (3). — La déclaration de l'état de siége désigne les communes, les arrondissements ou départements auxquels il s'applique et pourra être étendu.

(1) Articles non abrogés.
(2) Aucune loi n'ayant été faite sur l'état de siége depuis 1852, celle-ci reste en vigueur, sauf les modifications résultant de la nouvelle forme de gouvernement.
(3) La déclaration de l'état de siége est faite par décret impérial, art. 12 de la Constitution du 14 janv. 1852.

2.

3. Dans le cas de prorogation de l'Assemblée nationale, le président de la République peut déclarer l'état de siége, de l'avis du conseil des ministres. — Le président, lorsqu'il a déclaré l'état de siége, doit immédiatement en informer la commission instituée en vertu de l'art. 32 de la Constitution, et, selon la gravité des circonstances, convoquer l'Assemblée nationale. — La prorogation de l'Assemblée cesse de plein droit lorsque Paris est déclaré en état de siége. — L'Assemblée nationale, dès qu'elle est réunie, maintient ou lève l'état de siége.

4. Dans les colonies françaises, la déclaration de l'état de siége est faite par le gouverneur de la colonie. — Il doit en rendre compte immédiatement au Gouvernement.

5. Dans les places de guerre et postes militaires, soit de la frontière, soit de l'intérieur, la déclaration de l'état de siége, peut être faite par le commandant militaire, dans les cas prévus par la loi du 10 juillet 1791 et par le décret du 24 décembre 1811. — Le commandant en rend compte immédiatement au Gouvernement.

6. Dans le cas des deux articles précédents, si le président de la République ne croit pas devoir lever l'état de siége, il en propose sans délai le maintien à l'Assemblée nationale.

CHAPITRE III.

DES EFFETS DE L'ÉTAT DE SIÉGE.

7. Aussitôt l'état de siége déclaré, les pouvoirs dont l'autorité civile était revêtue pour le maintien de l'ordre et de la police passent tout entiers à l'autorité militaire. — L'autorité civile continue néanmoins à exercer ceux de ces pouvoirs dont l'autorité militaire ne l'a pas dessaisie.

8. Les tribunaux militaires peuvent être saisis de la connaissance des crimes et délits contre la sûreté de la République, contre la Constitution, contre l'ordre et la paix publique, quelle que soit la qualité des auteurs principaux et des complices.

9. L'autorité militaire a le droit, — 1° de faire des perquisitions, de jour et de nuit, dans le domicile des citoyens ; — 2° d'éloigner les repris de justice et les individus qui n'ont pas leur domicile dans les lieux soumis à l'état de siége ; — 3° d'ordonner la remise des armes et munitions, et de procéder à leur recherche et à leur enlèvement ; — 4° d'interdire les publications et les réunions qu'elle juge de nature à exciter ou à entretenir le désordre.

10. Dans les lieux énoncés en l'art. 5, les effets de l'état de siége continuent, en outre, en cas de guerre étrangère, à être déterminés par les dispositions de la loi du 10 juillet 1791 et du décret du 24 décembre 1811.

11. Les citoyens continuent, nonobstant l'état de siége, à exercer tous ceux des droits garantis par la Constitution dont la jouissance n'est pas suspendue en vertu des articles précédents.

CHAPITRE IV.

DE LA LÉVÉE DE L'ÉTAT DE SIÉGE (1).

12. L'Assemblée nationale a seule le droit de lever l'état de siége, lorsqu'il a été déclaré ou maintenu par elle. — Néanmoins, en cas de prorogation, ce droit appartiendra au président de la République. — L'état de siége déclaré conformément aux art. 3, 4 et 5, peut être levé par le président de la République, tant qu'il n'a pas été maintenu par l'Assemblée nationale. — L'état de siége, déclaré conformément à l'art. 4, pourra être levé par les gouverneurs des colonies, aussitôt qu'ils croiront la tranquillité suffisamment rétablie.

13. Après la levée de l'état de siége, les tribunaux militaires continuent de connaître des crimes et délits dont la poursuite leur avait été déférée.

_____

(1) La levée de l'état de siége a lieu par décret impérial.

8 mars 1852.

DÉCRET

Relatif au serment des ministres, des membres des grands corps de l'Etat, des officiers de terre et de mer, des magistrats et des fonctionnaires.

Art. 1er. Le refus ou le défaut de serment sera considéré comme démission.

2. Le serment ne pourra être prêté que dans les termes prescrits par l'art. 14 de la Constitution. Toute addition, modification, restriction ou réserve sera considérée comme refus de serment et produira le même effet.

3. Des décrets spéciaux détermineront le mode de la prestation de serment des ministres, des membres des grands corps de l'Etat, des officiers de terre et de mer, des magistrats et des fonctionnaires, ainsi que les délais dans lesquels le serment devra être prêté.

19 avril 1852.

DÉCRET

Qui fixe les préséances entre les grands corps de l'Etat.

Article unique. Les préséances entre les grands corps de l'Etat sont fixées ainsi qu'il suit : — le Sénat, — le Corps législatif, — le conseil d'Etat.

10 juillet 1852.

SÉNATUS-CONSULTE

Sur l'organisation de la Haute-Cour de justice.

TITRE Ier.

COMPOSITION DE LA HAUTE-COUR.

Art. 1er. La Haute-Cour de justice créée, par l'art. 54 de la Constitution, se compose, 1° d'une chambre des mises en accusation et d'une chambre de jugement formées de juges pris parmi les membres de la Cour de cassation ; 2° d'un haut-jury pris parmi les membres des conseils généraux des départements.

2. Chaque chambre est composée de cinq juges et de deux suppléants.

3. Les juges et suppléants de chaque chambre sont nommés tous les ans, dans la première quinzaine du mois de novembre, par le Président de la République. — Néanmoins, les chambres de la Haute-Cour de justice restent saisies, au-delà du terme d'un an fixé pour leurs pouvoirs, de l'instruction et du jugement des affaires qui leur ont été respectivement déférés.

4. En cas de vacances par démission ou décès de l'un des juges, le magistrat nommé en remplacement, demeure en fonctions jusqu'au terme fixé pour l'expiration des pouvoirs de son prédécesseur.

5. Le décret du Président de la République qui saisit la Haute-Cour désigne parmi les juges de chaque chambre celui qui doit la présider. — Le procureur général près la Haute-Cour de justice et les autres magistrats du ministère public sont nommés pour chaque affaire par le décret du Président de la République qui saisit la Haute-Cour.

6. Le président de chaque chambre désigne un greffier, qui prête serment. — Les procédures et arrêts de la Haute-Cour de justice sont déposés au greffe de la Cour de cassation.

7. Le haut-jury se compose de trente-six jurés titulaires, et de quatre jurés suppléants.

TITRE II.

DE L'INSTRUCTION.

8. L'officier du parquet qui recueille des indices sur l'existence de l'un des crimes désignés par l'art. 54 de la Constitution est tenu de transmettre directe-

ment, et dans le plus bref délai, au ministre de la justice, copie des procès-verbaux, dénonciations, plaintes et pièces à l'appui de l'accusation. Néanmoins l'instruction de l'affaire est continuée sans retard.

9. Si la chambre des mises en accusation est appelée à statuer sur une affaire qui serait de la compétence de la Haute-Cour, le procureur général est tenu de requérir un sursis et le renvoi des pièces au ministre de la justice ; la chambre doit ordonner ce sursis, même d'office.

10. Dans le cas prévu par l'article précédent, les pièces sont transmises immédiatement au ministre de la justice. Si, dans les quinze jours, un décret du Président de la République n'a pas saisi la Haute-Cour, les pièces sont renvoyées au procureur général, et la Cour d'appel statue conformément au Code d'instruction criminelle. — La Haute-Cour peut toujours être saisie jusqu'à ce qu'il ait été statué par la Cour.

11. Lorsqu'un décret du Président de la République a saisi la Haute-Cour de justice de la connaissance d'une affaire, la chambre des mises en accusation de la Haute-Cour entre immédiatement en fonctions.

12. Sa juridiction s'étend sur tout le territoire de la République. — Elle procède selon les dispositions du Code d'instruction criminelle. — Si le fait ne constitue pas un crime de la compétence de la Haute-Cour, elle ordonne le renvoi devant le juge qu'elle désigne.

Ses arrêts sont attributifs de juridiction et ne sont susceptibles d'aucun recours.

14. Si la chambre des mises en accusation de la Haute-Cour prononce le renvoi devant la chambre du jugement, le Président de la République convoque cette chambre, fixe le lieu des séances et le jour de l'ouverture des débats.

15. Dans les dix jours qui suivent le décret de convocation, le premier président de la Cour d'appel et, à défaut de Cour d'appel, le président du tribunal de première instance du chef-lieu judiciaire du département, tire au sort, en audience publique, le nom de l'un des membres du conseil général.

16. Les fonctions de haut-juré sont incompatibles avec celles de : — Ministre, — Sénateur, — Député au Corps législatif, — Membre du conseil d'État. — Les incompatibilités, incapacités et excuses résultant des lois sur le jury, sont applicables aux jurés près la Haute-Cour.

TITRE III.

DE L'EXAMEN ET DU JUGEMENT.

17. Les dispositions, formes et délais prescrits par le Code d'instruction criminelle, non contraires à la Constitution et à la présente loi, seront observés devant la Haute-Cour.

18. Au jour indiqué par le jugement, s'il y a moins de soixante jurés présents, ce nombre est complété par des jurés supplémentaires tirés au sort par le président de la Haute-Cour parmi les membres du conseil général du département où elle siége.

19. Ne peut point faire partie du haut-jury, le membre du conseil général qui a rempli les mêmes fonctions depuis moins de deux ans.

20. Le haut-juré absent sans excuse valable peut être condamné à une amende de 1,000 à 10,000 francs et à la privation de ses droits politiques pendant un an au moins et cinq ans au plus.

21. Les accusés et le ministère public exercent le droit de récusation, conformément aux lois sur le jury.

22. La déclaration du haut-jury portant que l'accusé est coupable, et la déclaration portant qu'il existe, en faveur de l'accusé reconnu coupable, des circonstances atténuantes, doivent être rendues à la majorité de plus de vingt voix. — Les peines seront prononcées conformément aux dispositions du Code pénal.

TITRE IV.

DISPOSITION TRANSITOIRE.

23. Les premières nominations de juges et de suppléants de la Haute Cour, de justice auront lieu dans la quinzaine de la promulgation du présent sénatus-consulte ; elles seront renouvelées au mois de novembre prochain.

7 Novembre 1852.

SÉNATUS-CONSULTE

Portant modification à la Constitution.

Le Sénat a délibéré conformément aux art. 31 et 32 de la Constitution et voté le sénatus-consulte dont la teneur suit :

Art. 1er. La dignité impériale est rétablie. — Louis-Napoléon Bonaparte est Empereur des Français, sous le nom de Napoléon III.

2. La dignité impériale est héréditaire dans la descendance directe et légitime de Louis-Napoléon Bonaparte, de mâle en mâle, par ordre de primogéniture, et à l'exclusion perpétuelle des femmes et de leur descendance.

3. Louis-Napoléon Bonaparte, s'il n'a pas d'enfants mâles, peut adopter les enfants et descendants légitimes, dans la ligne masculine, des frères de l'Empereur Napoléon Ier. — Les formes de l'adoption sont réglées par un sénatus-consulte. — Si, postérieurement à l'adoption, il survient à Louis-Napoléon des enfants mâles, ses fils adoptifs ne pourront être appelés à lui succéder qu'après ses descendants légitimes. — L'adoption est interdite aux successeurs de Louis-Napoléon et à leur descendance.

4. Louis-Napoléon Bonaparte règle, par un décret organique adressé au Sénat et déposé dans ses archives, l'ordre de succession au trône, dans la famille Bonaparte, pour le cas où il ne laisserait aucun héritier direct, légitime ou adoptif.

5. A défaut d'héritier légitime ou d'héritier adoptif de Louis-Napoléon Bonaparte, et des successeurs en ligne collatérale qui prendront leur droit dans le décret organique sus-mentionné, un sénatus-consulte proposé au Sénat par les Ministres formés en conseil de Gouvernement, avec l'adjonction des Présidents en exercice du Sénat, du Corps législatif et du conseil d'Etat, et soumis à l'acceptation du peuple, nomme l'Empereur et règle dans sa famille l'ordre héréditaire de mâle en mâle, à l'exclusion perpétuelle des femmes et de leur descendance. — Jusqu'au moment où l'élection du nouvel Empereur est consommée, les affaires de l'Etat sont gouvernées par les ministres en fonction, qui se forment en conseil de Gouvernement et délibèrent à la majorité des voix.

6. Les membres de la famille de Louis-Napoléon Bonaparte appelés éventuellement à l'hérédité, et leur descendance des deux sexes, font partie de la famille impériale. Un sénatus-consulte règle leur position. Ils ne peuvent se marier sans l'autorisation de l'Empereur. Leur mariage fait sans cette autorisation emporte privation de tout droit à l'hérédité, tant pour celui qui l'a contracté que pour ses descendants. — Néanmoins, s'il n'existe pas d'enfants de ce mariage, en cas de dissolution pour cause de décès, le prince qui l'aurait contracté recouvre ses droits à l'hérédité. — Louis-Napoléon Bonaparte fixe les titres et la condition des autres membres de sa famille. — L'Empereur a pleine autorité sur tous les membres de sa famille ; il règle leurs devoirs et leurs obligations par des statuts qui ont force de loi.

7. La Constitution du 14 janvier 1852 est maintenue dans toutes celles de ses dispositions qui ne sont pas contraires au présent sénatus-consulte ; il ne pourra y être apporté de modifications que dans les formes et par les moyens qu'elle a prévus.

8. La proposition suivante sera présentée à l'acceptation du Peuple Français dans les formes déterminées par les décrets des 2 et 4 décembre 1851 : « Le » Peuple Français veut le rétablissement de la dignité impériale dans la per» sonne de Louis-Napoléon Bonaparte, avec hérédité dans sa descendance » directe, légitime ou adoptive, et lui donne le droit de régler l'ordre de succes» sion au trône dans la famille Bonaparte, ainsi qu'il est prévu par le sénatus» consulte du 7 novembre 1852. »

2 Décembre 1852.

DÉCRET IMPÉRIAL

Qui promulgue et déclare loi de l'Etat le sénatus-consulte du 7 novembre 1852, ratifié par le plébiscite des 21 et 22 novembre.

Art. 1er. Le sénatus-consulte du 7 novembre 1352, ratifié par le plébiscite des 21 et 22 novembre, est promulgué et devient loi de l'Etat.

2. LOUIS-NAPOLÉON BONAPARTE est Empereur des Français sous le nom de NAPOLÉON III.

12 décembre 1852.

SÉNATUS-CONSULTE

Sur la liste civile et la dotation de la Couronne.

TITRE Ier.

Section I. — DE LA LISTE CIVILE DE L'EMPEREUR ET DE LA DOTATION DE LA COURONNE.

Art. 1er. La liste civile de l'Empereur est fixée, à partir du 1er décembre 1852, pour toute la durée du règne, conformément à l'art. 15 du sénatus-consulte du 28 floréal an XII.

2. La dotation immobilière de la Couronne comprend les palais, châteaux, maisons, domaines et manufactures énumérés dans le tableau annexé au présent sénatus-consulte.

3. Les biens particuliers appartenant à l'Empereur au moment de son avènement au trône sont, de plein droit, réunis au domaine de l'Etat, et font partie de la dotation de la couronne.

4. La dotation mobilière comprend les diamants, perles, pierreries, statues, tableaux, pierres gravées, musées, bibliothèques et autres monuments des arts, ainsi que les meubles meublants contenus dans l'hôtel du garde-meuble et les divers palais et établissements impériaux.

5. Il est dressé par récolement, aux frais du trésor, un état et des plans des immeubles, ainsi qu'un inventaire descriptif de tous les meubles ; ceux de ces meubles susceptibles de se détériorer par l'usage seront estimés. Des doubles de ces actes seront déposés dans les archives du Sénat.

6. Les monuments et objets d'art qui seront placés dans les maisons impériales, soit aux frais de l'Etat, soit aux frais de la Couronne, seront et demeureront, dès ce moment, propriété de la Couronne.

Section II. — CONDITIONS DE LA JOUISSANCE DES BIENS FORMANT LA DOTATION DE LA COURONNE.

7. Les biens meubles et immeubles de la Couronne sont inaliénables et imprescriptibles. Ils ne peuvent être donnés, vendus, engagés ni grevés d'hypothèques. — Néanmoins, les objets inventoriés avec estimation, aux termes de l'art. 5, peuvent être aliénés moyennant remplacement.

8. L'échange de biens composant la dotation de la Couronne ne peut être autorisé que par un sénatus-consulte.

9. Les biens de la Couronne et le Trésor public ne sont jamais grevés des dettes de l'Empereur ou des pensions par lui accordées.

10. La durée des baux, à moins qu'un sénatus-consulte ne l'autorise, ne peut pas excéder vingt-et-un ans ; ils ne peuvent être renouvelés plus de trois ans avant leur expiration.

11. Les forêts de la Couronne sont soumises aux dispositions du Code forestier en ce qui les concerne ; elles sont assujetties à un aménagement régulier. — Il ne peut y être fait aucune coupe extraordinaire quelconque, ni aucune coupe des quarts en réserve ou de massifs réservés par l'aménagement pour croître en futaie, si ce n'est en vertu d'un sénatus-consulte. — Les dispositions des art 2 et 3 du sénatus-consulte du 3 juillet 1852 sont applicables aux biens de la Couronne.

12. Les propriétés de la Couronne ne sont pas soumises à l'impôt ; elles supportent néanmoins toutes les charges communales et départementales. — Afin de fixer leurs portions contributives dans ces charges, elles sont portées sur les rôles, et pour leurs revenus estimatifs, de la même manière que les propriétés privées.

13. L'Empereur peut faire aux palais, bâtiments et domaines de la Couronne, tous les changements, additions et démolitions qu'il juge utiles à leur conservation ou à leur embellissement.

14. L'entretien et les réparations de toute nature de meubles et immeubles de la Couronne sont à la charge de la liste civile (1).

15. Sauf les conditions qui précèdent, et l'obligation de fournir caution dont l'Empereur est affranchi, toutes les autres règles du droit civil régissent les propriétés de la Couronne.

TITRE II.

DU DOUAIRE DE L'IMPÉRATRICE ET DE LA DOTATION DES PRINCES DE LA FAMILLE IMPÉRIALE.

16. Le douaire de l'impératrice est fixé par un sénatus-consulte, lors du mariage de l'Empereur.

15. Une dotation annuelle de quinze cent mille francs est affectée aux princes et princesses de la famille impériale. La répartition de cette dotation est faite par décret de l'Empereur.

TITRE III.

DU DOMAINE PRIVÉ.

18. Le domaine privé de l'Empereur se compose des biens qu'il acquiert à titre gratuit ou onéreux pendant son règne.

19. L'Empereur peut disposer de son domaine privé sans être assujetti aux règles du Code civil sur la quotité disponible. — S'il n'en a pas disposé, les propriétés du domaine privé font retour au domaine de l'État et font partie de la dotation de la Couronne.

20. Les propriétés du domaine privé sont, sauf l'exception portée en l'article précédent soumises à toutes les règles du code Napoléon ; elles sont imposées et cadastrées.

TITRE IV.

DES DROITS DES CRÉANCIERS ET DES ACTES JUDICIAIRES.

21. Demeurent toujours réservés sur le domaine privé délaissé par l'Empereur, les droits de ses créanciers et les droits des employés de sa maison à qui des pensions de retraite ont été accordées ou sont dues par imputation sur un fonds de retenues faites sur leurs appointements.

22. Les actions concernant la dotation de la Couronne et le domaine privé sont dirigées par ou contre l'administrateur de ce domaine. — Les unes et les autres sont d'ailleurs instruites et jugées dans les formes ordinaires, sauf la présente dérogation à l'article 69 du Code de procédure civile (2).

23. Les titres sont exécutoires seulement sur tous les biens meubles et immeubles composant le domaine privé. — Ils ne le sont jamais sur les effets mobiliers renfermés dans les palais, manufactures et maisons impériales, ni sur les deniers de la liste civile.

18 Décembre 1852.

DÉCRET ORGANIQUE

Qui règle, conformément à l'article 4 du sénatus-consulte du 7 novembre 1852, l'ordre de succession au trône dans la famille Bonaparte.

Art. 1er. Dans le cas où nous ne laisserions aucun héritier direct, légitime

---

(1) V. sénatus-consulte du 20 juin 1860.
(2) V. sénatus-consulte du 25 avril 1856.

ou adoptif, notre oncle bien aimé Jérôme-Napoléon Bonaparte, et sa descendance directe, naturelle et légitime, provenant de son mariage avec la princesse Catherine de Wurtemberg, de mâle en mâle, par ordre de primogéniture et à l'exclusion perpétuelle des femmes, sont appelés à nous succéder.

2. Le présent décret, revêtu du sceau de l'Etat, sera porté au Sénat par notre Ministre d'Etat pour être déposé dans ses archives.

25 Décembre 1852.

SÉNATUS-CONSULTE

Portant interprétation et modification de la Constitution du 14 janvier 1852.

Art. 1er. L'Empereur a le droit de faire grâce et d'accorder des amnisties.

2. L'Empereur préside, quand il le juge convenable, le Sénat et le conseil d'Etat.

3. Les traités de commerce faits en vertu de l'art. 6 de la Constitution ont force de loi pour les modifications de tarif qui y sont stipulées.

4. Tous les travaux d'utilité publique, notamment ceux désignés par l'article 10 de la loi du 21 avril 1832 et l'article 3 de la loi du 3 mai 1841, toutes les entreprises d'intérêt général, sont ordonnés ou autorisés par décrets de l'Empereur. — Ces décrets sont rendus dans les formes prescrites pour les règlements d'administration publique. — Néanmoins, si ces travaux et entreprises ont pour condition des engagements ou des subsides du Trésor, le crédit devra être accordé ou l'engagement ratifié par une loi avant la mise à exécution. — Lorsqu'il s'agit de travaux exécutés pour le compte de l'Etat, et qui ne sont pas de nature à devenir l'objet de concessions, les crédits peuvent être ouverts, en cas d'urgence, suivant les formes prescrites pour les crédits extraordinaires : ces crédits seront soumis au Corps législatif dans sa plus prochaine session (1).

5. Les dispositions du décret organique du 22 mars 1852 peuvent être modifiées par des décrets de l'Empereur.

6. Les membres de la famille impériale appelés éventuellement à l'hérédité et leurs descendants portent le titre de princes français. — Le fils aîné de l'Empereur porte le titre de prince impérial.

7. Les princes français sont membres du Sénat et du conseil d'Etat quand ils ont atteint l'âge de dix-huit ans accomplis. — Ils ne peuvent y siéger qu'avec l'agrément de l'Empereur.

8. Les actes de l'état civil de la famille impériale sont reçus par le ministre d'Etat, et transmis, sur un ordre de l'Empereur, au Sénat, qui en ordonne la transcription sur ses registres et le dépôt dans ses archives.

9. La dotation de la Couronne et la liste civile de l'Empereur sont réglées, pour la durée de chaque règne, par un sénatus-consulte spécial.

10. Le nombre des sénateurs nommés directement par l'Empereur ne peut excéder cent cinquante.

11. Une dotation annuelle et viagère de trente mille francs est affectée à la dignité de sénateur.

12. Le budget des dépenses est présenté au Corps législatif, avec ses subdivisions administratives, par chapitres et par articles. — Il est voté par ministère. — La répartition par chapitres du crédit accordé pour chaque ministère est réglée par décret de l'Empereur, rendu en conseil d'Etat. — Des décrets spéciaux, rendus dans la même forme, peuvent autoriser des virements d'un chapitre à un autre. Cette disposition est applicable au budget de l'année 1853 (2).

13. Le compte-rendu prescrit par l'article 42 de la Constitution est soumis, avant sa publication, à une commission composée du président du Corps législatif et des présidents de chaque bureau. En cas de partage d'opinions, la voix du président du Corps législatif est prépondérante. — Le procès-verbal de la séance, lu à l'assemblée, constate seulement les opérations et les votes du Corps législatif.

---

(1) V. sénatus-consulte, du 31 décembre 1861.
(2) V. sénatus-consulte du 31 décembre 1861.

14. Les députés au Corps législatif reçoivent une indemnité qui est fixée à deux mille cinq cents francs par mois, pendant la durée de chaque session ordinaire ou extraordinaire.

15. Les officiers généraux placés dans le cadre de réserve peuvent être membres du Corps législatif. Ils sont réputés démissionnaires s'ils sont employés activement, conformément à l'article 5 du décret du 1er décembre 1852, et à l'article 3 de la loi du 4 août 1839.

16. Le serment prescrit par l'article 14 de la Constitution est ainsi conçu : « Je jure obéissance à la Constitution et fidélité à l'Empereur. »

17. Les articles 2, 9, 11, 15, 16, 17, 18, 19, 22 et 37 de la Constitution du 14 janvier 1852, sont abrogés.

31 Décembre 1852.

DÉCRET IMPÉRIAL (1)

Portant réglement des rapports du Sénat et du Corps législatif avec l'Empereur et le conseil d'Etat, et établissant les conditions organiques de leurs travaux.

TITRE Ier. — DU CONSEIL D'ÉTAT.

Art. 1er. Les projets de loi et de sénatus-consultes, les réglements d'administration publique préparés par les différents départements ministériels, sont soumis à l'Empereur, qui les remet directement ou les fait adresser par le ministre d'Etat au président du conseil d'Etat.

2. Les ordres du jour des séances du conseil d'Etat sont envoyés à l'avance au ministre d'Etat, et le président du conseil d'Etat pourvoit à ce que ce ministre soit toujours avisé en temps utile de tout ce qui concerne l'examen ou la discussion des projets de lois, des sénatus-consultes et des réglements d'administration publique envoyés à l'élaboration du conseil.

3. Les projets de lois ou de sénatus-consultes, après avoir été élaborés au conseil d'Etat, conformément à l'art. 50 de la Constitution, sont remis à l'Empereur par le président du conseil d'Etat, qui y joint les noms des commissaires qu'il propose pour en soutenir la discussion devant le Corps législatif ou le Sénat.

4. Un décret de l'Empereur ordonne la présentation du projet de loi au Corps législatif, ou du sénatus-consulte au Sénat, et nomme les conseillers d'Etat chargés d'en soutenir la discussion. ·

5. Ampliation de ce décret est transmise avec le projet de loi ou de sénatus-consulte au Corps législatif ou au Sénat par le ministre d'Etat.

TITRE II. — DU SÉNAT.

CHAPITRE Ier. — *Réunion du Sénat. — Formation des bureaux.*

6. Pendant la durée des sessions, le Sénat se réunit sur la convocation de son président. — Quand la session est close, les réunions du Sénat ne peuvent avoir lieu qu'en vertu d'un décret de l'Empereur.

7. Le Sénat se divise, par la voix du sort, en cinq bureaux. — Ces bureaux examinent les propositions qui leur sont renvoyées et élisent les commissions qu'il y a lieu de nommer.

CHAPITRE II. — *Des projets de lois.*

8. Les projets de lois adoptés par le Corps législatif, et qui doivent être soumis au Sénat, en exécution de l'art. 25 de la Constitution, sont, avec les décrets qui nomment les conseillers d'Etat chargés de soutenir la discussion, transmis par le ministre d'Etat au président du Sénat, qui en donne lecture en séance générale.

9. Le Sénat décide immédiatement, par assis et levé, s'il est nécessaire de

_____

(1) V. décret impérial du 5 février 1861.

renvoyer le projet de loi à la discussion des bureaux et à l'examen d'une commission, ou s'il peut être, sans cet examen préliminaire, passé outre à la délibération en séance générale.

10. Le Sénat n'ayant à statuer que sur la question de la promulgation, son vote ne comporte la présentation d'aucun amendement.

11. Au jour indiqué pour la délibération en séance générale, le Sénat, après la clôture de la discussion prononcée par le président, vote sur la question de savoir s'il y a lieu de s'opposer à la promulgation.

12. Le vote n'est pas secret. — Il est pris à la majorité absolue par un nombre de votants supérieur à la moité de celui des membres du Sénat; sinon il est nul et doit être recommencé.

13. Le vote est recensé par le secrétaire du Sénat, assisté de deux secrétaires élus pour chaque session.

14. Le président du Sénat proclame en ces termes le résultat du scrutin. « Le Sénat s'oppose, » ou : « Le Sénat ne s'oppose pas à la promulgation. »

15. Le résultat de la délibération est transmis au ministre d'Etat par le président du Sénat.

CHAPITRE III. — *Des Sénatus-Consultes.*

16. L'Empereur propose les sénatus-consulte réglant les objets énumérés dans l'art. 27 de la Constitution ; l'initiative de la proposition peut aussi être prise par un ou plusieurs sénateurs.

17. Les projets de sénatus-consultes proposés par l'Empereur seront portés et lus au Sénat par les conseillers d'Etat à ce commis, discutés dans les bureaux, et examinés par une commission, qui en fera rapport en séance générale. — Ceux provenant de l'initiative des sénateurs ne seront lus en séance générale qu'autant que la prise en considération en aura été autorisée par trois au moins des cinq bureaux. — Dans ce cas, le texte en sera immédiatement transmis, par le président du Sénat, au ministre d'Etat, et une commission sera nommée, comme il est dit en l'article précédent.

18. Les amendements proposés sur le projet de sénatus-consulte seront, jusqu'à l'ouverture de la délibération en séance générale, renvoyés par le président du Sénat à la commission, qui exprimera son avis, soit dans son rapport principal, soit dans un rapport supplémentaire. — Les amendements produits pendant la délibération en séance générale ne seront lus et développés qu'autant qu'ils seront appuyés par cinq membres. — Le texte en sera toujours, et à l'avance, communiqué aux commissaires du Gouvernement. — La commission a le droit de demander qu'avant le vote l'amendement lui soit renvoyé.

19. Le vote, soit sur les articles du projet de sénatus-consulte, soit sur son ensemble, a lieu conformément aux art. 12 et 13 du présent décret. — Le président en proclame le résultat en ces termes : « Le Sénat a adopté, » ou : « Le Sénat n'a pas adopté. »

20. Le résultat de la délibération est portée à l'Empereur par le président du Sénat ou par deux vice-présidents qu'il délègue.

CHAPITRE IV. — *Actes dénoncés au Sénat comme inconstitutionnels.*

21. Lorsqu'un acte est déféré comme inconstitutionnel par le Gouvernement au Sénat, le decret qui saisit le Sénat et qui nomme les conseillers d'Etat devant prendre part à la discussion est transmis par le ministre d'Etat au président du Sénat. — Les bureaux examinent cette demande, et nomment une commission sur le rapport de laquelle il est procédé au vote, conformément aux art. 12 et 13 du présent décret. Le président proclame le résultat en ces termes : « Le Sénat maintient, » ou : « annule. »

22. Si l'inconstitutionnalité est dénoncée par une pétition, il est procédé de la même manière. — Toutefois, et préalablement, la pétition est lue en séance générale. La question préalable peut alors être proposée, et si elle est admise, le président prononce qu'il n'y a lieu à plus ample informé. — Si la question préalable n'est pas admise, le président du Sénat en avise le ministre d'Etat, la pétition est renvoyée dans les bureaux, et il est procédé comme en l'article précédent.

23. La décision du Sénat est transmise, par les soins du président, au ministre d'État.

CHAPITRE V. — *Rapport à l'Empereur sur les bases des projets de lois d'un grand intérêt national.*

24. Tout sénateur peut proposer de présenter à l'Empereur un rapport posant les bases d'un projet de loi d'un grand intérêt national. — La proposition est motivée par écrit, remise au président du Sénat, imprimée, distribuée et renvoyée dans les bureaux.

25. Si trois bureaux au moins sont d'avis de la prise en considération, le président du Sénat en avise le ministre d'État. — Une commission est nommée dans les bureaux, et cette commission rédige le projet de rapport à envoyer à l'Empereur.

26. Ce projet de rapport, imprimé, distribué et transmis à l'avance au ministre d'État, est discuté en séance générale. — Il peut être amendé dans les formes prévues par l'art. 48 du présent décret.

27. Le vote sur l'adoption ou le rejet du projet de rapport a lieu conformément aux art. 12 et 13 du présent décret. — Le président du Sénat proclame le résultat en ces termes : « Le rapport est adopté, » ou : « Le rapport n'est pas adopté. »

28. S'il y a adoption, le rapport est envoyé par le président du Sénat au ministre d'État.

CHAPITRE VI. — *Des propositions de modification à la Constitution.*

29. Toute proposition de modification à la Constitution, autorisée par l'art. 31 de la Constitution, ne peut être déposée par des membres du Sénat qu'autant qu'elle est signée par dix sénateurs au moins. — Quand une proposition est déposée dans ces conditions, il est procédé, conformément aux art. 17, deuxième et troisième paragraphes, 18 et 19 du présent décret. — Le résultat de la délibération est porté, par le président du Sénat, à l'Empereur, qui avise, conformément à l'art. 31 de la Constitution.

CHAPITRE VII. — *Pétitions.*

30. Les pétitions adressées au Sénat, conformément à l'art. 45 de la Constitution, sont examinées par des commissions nommées chaque mois dans les bureaux. — Le feuilleton des pétitions est toujours communiqué à l'avance au ministre d'État. — Il est fait un rapport des pétitions en séance générale, et le vote porte sur l'ordre du jour pur et simple, le dépôt au bureau des renseignements, ou le renvoi au ministre compétent. — Si le renvoi au ministre compétent est prononcé, la pétition et un extrait de la délibération sont, par les ordres du président du Sénat, transmis au ministre d'État.

CHAPITRE VIII. — *Proclamation de l'Empereur au Sénat.*

31. Les proclamations de l'Empereur portant ajournement, prorogation ou clôture de la session, sont portées au Sénat par les ministres ou les conseillers d'État à ce commis ; elles sont lues toute affaire cessante, et le Sénat se sépare à l'instant.

CHAPITRE IX. — *Dispositions communes aux articles précédents.*

32. Dans toute délibération du Sénat, le Gouvernement a le droit d'être représenté par des conseillers d'État à ce commis par des décrets spéciaux. — Les ordres du jour des séances sont toujours envoyés à l'avance au ministre d'État, et le président du Sénat veille à ce que tous les avis et communications nécessaires lui soient transmis en temps utile.

33. Les commissaires du Gouvernement ne sont point assujettis au tour de parole. — Ils obtiennent la parole quand ils la demandent.

CHAPITRE X. — *Administration du Sénat.*

34. Le président du Sénat le représente dans ses rapports avec le chef de l'Etat , et dans les cérémonies publiques. — Il préside les séances du Sénat.

35. En cas d'absence du président du Sénat, la présidence est exercée, par le premier vice-président.

36. Le grand référendaire est chargé de la direction des services administratifs et de la comptabilité. Il est le chef du personnel des employés ; il veille au maintient de l'ordre intérieur et de la sûreté. Il délivre les certificats de vie et les passe-ports. Il fait expédier les convocations pour les cérémonies.

37. Le secrétaire du Sénat est, sous l'autorité du président, chargé du service législatif. — Il dirige la rédaction des procès-verbaux, dont il est responsable, et qu'il présente, après chaque séance, à la signature du président ou du vice-président qui aura tenu la séance. — Il a la garde du sceau du Sénat, et l'appose d'après les ordres du président. — Il est chargé de l'ampliation officielle des sénatus-consultes et autres décisions du Sénat, et de l'enregistrement des décrets de l'Empereur portant nomination de sénateurs. — Il expédie les convocations pour les séances. — Il transmet aux commissions élues pour les examiner, les pétitions adressées au Sénat.

38. Le président nomme les employés supérieurs du Sénat. — Le grand référendaire présente à la nommination du président les employés du service administratif, le secrétaire du Sénat, ceux du service législatif — Le grand référendaire nomme tous les gens de service.

39. Le palais du petit et grand Luxembourg, la maison de la rue d'Enfer, n° 28 et la maison de la rue de Vaugirard, n° 36, le mobilier qui les garnit, les jardins réservés et la bibliothèque, sont affectés au Sénat. — Le service du commandant militaire du palais, les adjudants et surveillants, ainsi que le service des jardins ouverts au public, sont sous les ordres du grand référendaire.

CHAPITRE XI. — *Dispositions concernant l'administration financière et la comptabilité du Sénat.*

40. La dotation du Sénat prend place dans le Budget de l'Etat, à la suite des dépenses de la dette publique·

41. Le grand référendaire propose chaque année au président du Sénat, le projet du budget et des dépenses du Sénat. — Ce projet est approuvé par le président et transmis à la commission de comptabilité.

42. Cette commission examine et discute les dépenses proposées, et rédige un rapport qu'elle présente à l'assemblée.

45. Le Sénat délibère sur les crédits applicables aux besoins de chaque exercice, et vote l'ensemble du budget.

44. Le grand référendaire mandate les dépenses sur les crédits qui lui sont ouverts par les ordonnances de délégation du ministre des finances. — Ces mandats sont acquittés dans les formes et avec les justifications prescrites par les lois et règlements de la comptabilité publique.

45. Le compte de chaque exercice est présenté par le grand référendaire au président du Sénat, qui le transmet à la commission de comptabilité ; celle-ci le vérifie et fait un rapport qu'elle présente au Sénat qui l'arrête définitivement.

TITRE III. — DU CORPS LÉGISLATIF.

CHAPITRE 1er. — *Réunion du Corps législatif, formation et organisation des bureaux, vérification des pouvoirs.*

46. Le Corps législatif se réunit au jour indiqué par le décret de convocation.

Le Gouvernement est représenté par des conseillers d'Etat à ce commis par des décrets spéciaux dans toute délibération du Corps législatif.

47. A l'ouverture de la première séance, le président du Corps législatif, assisté des quatre plus jeunes membres présents, lesquels rempliront pendant toute la durée de la session, les fonctions de secrétaires, procède par la voie du tirage au sort, à la division de l'assemblée en sept bureaux. — Les bureaux ainsi formés se renouvellent chaque mois pendant la session par la voie du tirage au sort. — Ils élisent leurs présidents et leurs secrétaires.

48. Les bureaux procèdent sans délai, à l'examen des procès-verbaux d'élection qui leur sont répartis par le président du Corps législatif, et chargent un ou plusieurs de leurs membres d'en faire le rapport en séance publique.

49. L'assemblée statue sur ce rapport; si l'élection est déclarée valable, l'élu prête, séance tenante, ou s'il est absent, à la première séance à laquelle il assiste le serment prescrit par l'art. 14 de la Constitution et l'art. 16 du sénatus-consulte du 25 décembre 1852, et le président du Corps législatif prononce ensuite son admission. Le député qui n'a pas prêté serment dans la quinzaine du jour où son élection a été déclarée valide est réputé démissionnaire. — En cas d'absence, le serment peut être prêté par écrit, et doit être, en ce cas adressé par le député au président du Corps législatif dans le délai ci-dessus déterminé.

50. Après la vérification des pouvoirs et sans attendre qu'il ait été statué sur les élections contestées ou ajournées, le président du Corps législatif fait connaître à l'Empereur que le Corps législatif est constitué.

CHAPITRE II. — *Présentation, discussion, vote des projets de loi.*

51. Les projets de lois présentés par l'Empereur sont apportés et lus au Corps législatif par les conseillers d'Etat commis à cet effet, ou transmis, sur les ordres de l'Empereur, par le ministre d'Etat, au président du Corps législatif, qui en donne lecture en séance publique. Ces projets sont imprimés, distribués et mis à l'ordre du jour des bureaux, qui les discutent et nomment, au scrutin secret et à la majorité, une commission de sept membres chargés d'en faire rapport. — Suivant la nature des projets à examiner, le Corps législatif peut décider que les commissions à nommer par les bureaux seront de quatorze membres au lieu de sept.

52. Tout amendement venant de l'initiative d'un ou plusieurs membres est remis au président et transmis par lui à la commission. — Toutefois, aucun amendement n'est reçu après le dépôt du rapport fait en séance publique (1).

53. Les auteurs de l'amendement ont le droit d'être entendus dans la commission.

54. Si l'amendement est adopté par la commission, elle en transmet la teneur au président du Corps législatif, qui le renvoie au conseil d'Etat, et il est sursis au rapport de la commission, jusqu'à ce que le conseil d'Etat ait émis son avis. — La commission peut déléguer trois de ses membres pour faire connaître au conseil d'Etat les motifs qui ont déterminé son vote.

55. Si l'avis du conseil d'Etat, transmis à la commission par l'intermédiaire du Président du Corps législatif, est favorable, ou qu'une nouvelle rédaction admise au conseil d'Etat soit adoptée par la commission, le texte du projet de loi à discuter en séance publique sera modifié conformément à la nouvelle rédaction adoptée. — Si cet avis est défavorable ou que la nouvelle rédaction admise au conseil d'Etat ne soit pas adoptée par la commission, l'amendement sera regardé comme non avenu.

56. Le rapport de la commission sur le projet de loi par elle examiné est lu en séance publique, imprimé et distribué vingt-quatre heures au moins avant la discussion.

57. A la séance fixée par l'ordre du jour, la discussion s'ouvre et porte d'abord sur l'ensemble de la loi, puis sur les divers articles. Il n'y a jamais lieu de délibérer sur la question de savoir si l'on passera à la discussion des articles, mais les articles sont successivement mis aux voix par le président. — Le vote a lieu par assis et levé. Si le bureau déclare l'épreuve douteuse, il est procédé au scrutin.

58. Après le vote sur les articles, il est procédé au vote sur l'ensemble du projet de loi. — Le vote a lieu au scrutin public et à la majorité absolue. — Le scrutin est dépouillé par les secrétaires et proclamé par le président. — La présence de la majorité des députés est nécessaire pour la validité du vote. — — Si le nombre des votants n'atteint pas cette majorité, le président déclare le scrutin nul et ordonne qu'il y soit procédé de nouveau. — Les propositions de

(1) V. décret impérial du 24 novembre 1860

lois relatives à des intérêts communaux ou départementaux, qui ne donnent lieu à aucune réclamation, seront votées par assis et levé, à moins que le scrutin ne soit réclamé par dix membres au moins.

59. Le Corps législatif ne motive ni son acceptation ni son refus ; sa décision ne s'exprime que par l'une de ces deux formules : » Le Corps législatif a adopté, » ou : « Le Corps législatif n'a pas adopté. »

60. La minute du projet de loi adopté par le Corps législatif est signée par le président et les secrétaires, et déposée dans les archives. — Une expédition revêtue des mêmes signatures est portée à l'Empereur par le président et les secrétaires.

CHAPITRE III. — *Messages et proclamations adressés au Corps législatif par l'Empereur.*

61. Les messages et proclamations que l'Empereur adresse au Corps législatif sont apportés et lus en séance par les ministres ou les conseillers d'État commis à cet effet. — Ces messages et proclamations ne peuvent être l'objet d'aucune discussion ni d'aucun vote, à moins qu'ils ne contiennent une proposition sur laquelle il doive être voté.

62. Les proclamations de l'Empereur portant ajournement, prorogation ou dissolution du Corps législatif, sont lues en séance publique, toute affaire cessante, et le Corps législatif se sépare à l'instant.

CHAPITRE IV. — *Tenue des Séances.*

63. Le président du Corps législatif fait l'ouverture et annonce la clôture des séances ; il indique, à la fin de chacune, après avoir consulté l'assemblée, l'heure d'ouverture de la séance suivante et l'ordre du jour, lequel sera affiché dans la salle. Cet ordre du jour est immédiatement envoyé au ministre d'État, et le président du Corps législatif veille à ce que tous les avis et communications nécessaires lui soient transmis en temps utile.

64. Aucun membre ne peut prendre la parole sans l'avoir demandée et obtenue du président, ni parler d'ailleurs que de sa place.

65. Les membres du conseil d'État chargés de soutenir, au nom du Gouvernement, la discussion des projets de lois, ne sont point assujettis au tour d'inscription et obtiennent la parole quand ils la réclament.

66. Le membre rappelé à l'ordre pour avoir interrompu ne peut obtenir la parole. — Si l'orateur s'écarte de la question, le président l'y rappelle. Le président peut accorder la parole sur le rappel à la question. — Si l'orateur rappelé deux fois à la question dans le même discours continue à s'en écarter, le président consulte l'assemblée pour savoir si la parole ne sera pas interdite à l'orateur pour le reste de la séance sur la même question. La décision a lieu par assis et levé sans débats.

67. Le président rappelle seul à l'ordre l'orateur qui s'en écarte. La parole est accordée à celui qui, rappelé à l'ordre, s'y est soumis et demande à se justifier ; il obtient seul la parole. — Lorsqu'un orateur a été rappelé deux fois à l'ordre dans le même discours, le président après lui avoir accordé la parole pour se justifier, s'il le demande, consulte l'assemblée pour savoir si la parole ne sera pas interdite à l'orateur pour le reste de la séance sur la même question. La décision a lieu par assis et levé et sans débats.

68. Toute personnalité, tout signe d'approbation ou d'improbation sont interdits.

69. Si un membre du Corps législatif trouble l'ordre, il y est rappelé nominativement par le président ; s'il persiste, le président ordonne d'inscrire au procès-verbal le rappel à l'ordre. En cas de résistance, l'assemblée, sur la proposition du président, prononce sans débats l'exclusion de la salle des séances pendant un temps qui ne peut excéder cinq jours ; l'affiche de cette décision, dans le département où a été élu le membre qu'elle concerne, peut être ordonnée.

70. Si l'assemblée devient tumultueuse, et si le président ne peut la calmer, il se couvre ; si le trouble continue, il annonce qu'il va suspendre la séance ; si le calme ne se rétablit pas, il suspend la séance pendant une heure, durant

laquelle les députés se réunissent dans leurs bureaux respectifs. L'heure expirée, la séance est reprise ; mais si le tumulte renaît, le président lève la séance et la renvoie au lendemain.

71. Les réclamations d'ordre du jour, de priorité et de rappel au règlement ont la préférence sur la question principale et en suspendent la discussion. — Les votes d'ordre du jour ne sont jamais motivés. — La question préalable, c'est-à-dire celle qu'il y a lieu à délibérer, est mise aux voix avant la question principale. Elle ne peut être demandée sur les propositions faites par l'Empereur.

72. Les demandes de comité secret, autorisées par l'art. 14 de la Constitution, sont signées par les membres qui les font et remises aux mains du président, qui en donne lecture, y fait droit et les fait consigner au procès-verbal.

73. Lorsque l'autorisation exigée par l'art. 11 de la loi du 2 février 1852 sera demandée, le président indiquera seulement l'objet de la demande, et renverra immédiatement dans les bureaux, qui nommeront une commission pour examiner s'il y a lieu d'autoriser les poursuites.

CHAPITRE V. — *Procès-verbaux et comptes rendus.*

74. La rédaction des procès-verbaux des séances et la préparation du compte rendu prescrit par l'art. 42 de la Constitution sont placées sous la haute direction du président du Corps législatif et confiées à des rédacteurs spéciaux nommés par lui, et qu'il peut révoquer.

75. Le procès-verbal de chaque séance constate seulement, conformément à l'art. 13 du sénatus-consulte du 25 décembre 1852. les opérations et les votes du Corps législatif. Il est signé du président, et lu par l'un des secrétaires à la séance suivante.

76. Les comptes rendus prescrits par l'art. 42 de la Constitution contiennent les noms des membres qui ont pris la parole dans la séance et le resumé de leurs opinions.

· 77. Les procès-verbaux des séances, après leur approbation par l'assemblée, les comptes rendus, après leur approbation par la commission instituée par l'article 13 du sénatus-consulte organique du 25 décembre 1852, sont transcrits sur deux registres signés par le président.

78. Un arrêté spécial du président du Corps législatif règle le mode de communication de ce compte rendu aux journaux (1).

79. Tout membre peut faire imprimer et distribuer à ses frais le discours qu'il a prononcé, après en avoir obtenu l'autorisation de la commission instituée par l'art. 13 du sénatus-consulte du 25 décembre 1852. Cette autorisation doit être approuvée par le Corps législatif. — L'impression et la distribution faite en contravention aux dispositions qui précèdent seront punies d'une amende de 500 à 5,000 fr. contre les imprimeurs, et de 5 à 500 fr. contre les distributeurs.

CHAPITRE VI. — *Installation et administration intérieure.*

80. Le Palais-Bourbon et l'Hôtel de la présidence, avec leurs mobiliers et dépendances, restent affectés au Corps législatif.

81. Le président du Corps législatif a la haute administration de ce corps. Il habite le palais.

82. Il règle, par des arrêtés spéciaux, l'organisation de tous les services et l'emploi des fonds affectés aux dépenses du Corps législatif.

83. Il est assisté de deux questeurs nommés pour l'année par l'Empereur. — Les questeurs ordonnancent, conformément aux arrêtés pris par le président, et sur la délégation du crédit faite par le ministre des finances, les dépenses du personnel et du matériel. Le président peut leur déléguer tout ou partie de ses pouvoirs administratifs. Les questeurs habitent au palais législatif et reçoivent un traitement.

84. Le président du Corps législatif pourvoit à tous les emplois, et prononce les révocations quand il y a lieu.

85. Une commission de sept membres, nommés par les bureaux à chaque

___

(1) V. décret impérial du 24 nov. 1860.

session annuelle, procède à l'apurement et au jugement des comptes du trésorier du Corps législatif, et transmet son arrêt au président de ce corps, qui en
assure l'exécution.

CHAPITRE VII. — *De la police intérieure du Corps législatif.*

86. Le président du Corps législatif a la police des séances et celle de l'enceinte
du palais.

87. Nul étranger ne peut, sous aucun prétexte, s'introduire dans l'enceinte
où siègent les députés.

88. Toute personne qui donne des marques d'approbation ou d'improbation,
ou qui trouble l'ordre, est sur-le-champ exclue des tribunes par les huissiers et
traduite, s'il y a lieu, devant l'autorité compétente.

CHAPITRE VIII. — *Congés.*

89. Aucun membre du Corps législatif ne peut s'absenter sans obtenir un congé
de l'Assemblée. — Les passe-ports sont signés par le président du Corps législatif, qui, sauf les cas d'urgence, ne peut les délivrer qu'après le congé obtenu.

CHAPITRE IX. — *Dispositions générales.*

90. La dotation du Corps législatif est inscrite au budget immédiatement
après celle du Sénat.

91. Le président pourvoit, par des arrêtés réglementaires, à tous les détails
de la police et de l'administration du Corps législatif.

TITRE IV.

92. La garde militaire du Sénat et du Corps législatif est sous les ordres du
ministre de la guerre, qui s'entend à ce sujet avec le président du Sénat et avec
le président du Corps législatif. — Pendant la session, une garde d'honneur
rend les honneurs militaires aux présidents de ces deux corps lorsqu'ils se
rendent aux séances.

93. Le décret du 22 mars 1852 est et demeure rapporté.

25 avril 1856.

SÉNATUS-CONSULTE

*Interprétatif de l'art. 22 du sénatus-consulte du 12 décembre 1852, sur
la liste civile et la dotation de la Couronne.*

Article unique. L'administrateur de la dotation de la Couronne a seul qualité
pour procéder en justice, soit en demandant, soit en défendant, dans les instances
relatives à la propriété des biens faisant partie de cette dotation ou du domaine
privé. — Il a seul qualité pour préparer et consentir les actes relatifs aux
échanges du domaine de la Couronne, et tous autres conformes aux prescriptions
du sénatus-consulte, du 12 décembre 1852. — Il a pareillement qualité, dans
les cas prévus par les articles 13 et 26 de la loi du 3 mai 1841, pour consentir
seul les expropriations et recevoir les indemnités, sous la condition de faire
remploi desdites indemnités, soit en immeubles, soit en rentes sur l'Etat, sans
toutefois que le débiteur soit tenu de surveiller le remploi.

17 Juillet 1856.

SÉNATUS-CONSULTE
Sur la régence de l'Empire.

TITRE Iᵉʳ. — DE LA RÉGENCE.

ART. 1ᵉʳ. L'Empereur est mineur jusqu'à l'âge de dix-huit ans accomplis.

2. Si l'Empereur mineur monte sur le trône sans que l'Empereur son père
ait disposé, par acte rendu public avant son décès, de la régence de l'Empire,
l'Impératrice-mère est régente et a la garde de son fils mineur.

3. L'Impératrice-régente qui convole à de secondes noces perd de plein droit
la régence et la garde de son fils mineur.

4. A défaut de l'Impératrice, qu'elle ait ou non exercé la régence, et si

l'Empereur n'en a autrement disposé par acte public ou secret, la régence appartient au premier prince français, et, à son défaut, à l'un des autres princes français dans l'ordre de l'hérédité de la Couronne. — L'Empereur peut, par un acte public ou secret, pourvoir aux vacances qui pourraient se produire dans l'exercice de la régence pendant la minorité.

5. S'il n'existe aucun prince français habile à exercer la régence, les ministres en fonctions se forment en conseil et gouvernent les affaires de l'Etat jusqu'au moment où le régent est nommé. — Ils délibèrent à la majorité des voix. — Immédiatement après la mort de l'Empereur, le Sénat est convoqué par le conseil de régence. — Sur la proposition du conseil de régence, le Sénat élit le régent parmi les candidats qui lui sont présentés. — Dans le cas où le conseil de régence n'aurait pas été nommé par l'Empereur, la convocation et la proposition sont faites par les ministres, formés en conseil, avec l'adjonction des présidents en exercice du Sénat, du Corps législatif et du conseil d'Etat.

6. Le régent et les membres du conseil de régence doivent être Français et âgés de vingt-et-un ans accomplis.

7. Les actes par lesquels l'Empereur dispose de la régence ou nomme les membres du conseil de régence sont adressés au Sénat et déposés dans ses archives. — Si l'Empereur a disposé de la régence ou nommé les membres du conseil de régence par un acte secret, l'ouverture de cet acte est faite immédiatement après la mort de l'Empereur, au Sénat, par le président du Sénat, en présence des sénateurs qui auront pu répondre à la convocation, et en présence des ministres, et des présidents du Corps législatif et du conseil d'Etat dûment appelés.

8. Tous les actes de la régence sont au nom de l'Empereur mineur.

9. Jusqu'à la majorité de l'Empereur, l'Impératrice-régente ou le régent exerce pour l'Empereur mineur l'autorité impériale dans toute sa plénitude, sauf les droits attribués au conseil de régence. — Toutes les dispositions législatives qui protègent la personne de l'Empereur sont applicables à l'Impératrice-régente et au régent.

10. Les fonctions de l'Impératrice-régente ou du régent commencent au moment du décès de l'Empereur. — Mais si un acte secret concernant la régence a été adressé au Sénat et déposé dans ses archives, les fonctions du régent ne commencent qu'après l'ouverture de cet acte. Jusqu'à ce qu'il y ait été procédé, le gouvernement des affaires de l'Etat reste entre les mains des ministres en fonctions, conformément à l'article 5.

11. Si l'Empereur mineur décède, laissant un frère héritier du trône, la régence de l'Impératrice ou celle du régent continue sans aucune formalité nouvelle.

12. La régence de l'Impératrice cesse si l'ordre d'hérédité appelle au trône un prince mineur qui ne soit pas son fils. Il est pourvu, dans ce cas, à la régence, conformément à l'article 4 ou à l'article 5 du présent sénatus-consulte.

13. Si l'Empereur mineur décède, laissant la couronne à un Empereur mineur d'une autre branche, le régent reste en fonctions jusqu'à la majorité du nouvel Empereur.

14. Lorsque le prince français désigné par le présent sénatus-consulte s'est trouvé empêché, par défaut d'âge ou par toute autre cause légale, d'exercer la régence, au moment du décès de l'Empereur, le régent en exercice conservera la régence jusqu'à la majorité de l'Empereur.

15. La régence, autre que celle de l'Impératrice, ne confère aucun droit sur la personne de l'Empereur mineur. — La garde de l'Empereur mineur, la surintendance de sa maison, la surveillance de son éducation sont confiés à sa mère. — A défaut de la mère ou d'une personne désignée par l'Empereur, la garde de l'Empereur mineur est confiée à la personne nommée par le conseil de régence. — Ne peuvent être nommés ou désignés, ni le régent, ni ses descendants.

16. Si l'Impératrice-régente ou le régent n'ont pas prêté serment du vivant de l'Empereur pour l'exercice de la régence, ils le prêtent, sur l'Evangile, à l'Empereur mineur assis sur le trône, assisté des princes français, des membres du conseil de régence, des ministres, des grands officiers de la Couronne et des grand-croix de la Légion-d'Honneur, en présence du Sénat, du Corps législatif et du conseil d'Etat. — Le serment peut aussi être prêté à l'Empereur mineur

3

en présence des membres du conseil de régence, des ministres, et des présidents du Sénat, du Corps législatif et du conseil d'Etat. — Dans ce cas, la prestation de serment est rendue publique par une proclamation de l'Impératrice-régente ou du régent.

17. Le serment prêté par l'Impératrice-régente ou le régent, est conçu en ces termes : — « Je jure fidélité à l'Empereur ; je jure de gouverner conformément à la constitution, aux sénatus-consultes et aux lois de l'Empire ; de maintenir dans leur intégrité les droits de la nation et ceux de la dignité impériale ; de ne consulter, dans l'emploi de mon autorité, que mon dévouement pour l'Empereur et pour la France, et de remettre fidèlement à l'Empereur, au moment de sa majorité, le pouvoir dont l'exercice m'est confié. » — Procès-verbal de cette prestation de serment est dressé par le ministre d'Etat. Ce procès-verbal est adressé au Sénat et déposé dans ses archives. — L'acte est signé par l'Impératrice-régente ou le régent, par les princes de la famille Impériale, par les membres du conseil de régence, par les ministres et par les présidents du Sénat, du Corps législatif et du conseil d'Etat.

TITRE II.

DU CONSEIL DE RÉGENCE.

18. Un conseil de régence est constitué pour toute la durée de la minorité de l'Empereur. — Il se compose, — 1° Des princes français désignés par l'Empereur ; — A défaut de désignation par l'Empereur, des deux princes français les plus proches dans l'ordre d'hérédité ; — 2° Des personnes que l'Empereur a désignées par acte public ou secret. — Si l'empereur n'a fait aucune désignation, le Sénat nomme cinq personnes pour faire partie du conseil de régence. — En cas de mort ou de démission d'un ou de plusieurs membres du conseil de régence, autres que les princes français, le Sénat pourvoit à leur remplacement.

19. Aucun membre du conseil de régence ne peut être éloigné de ses fonctions par l'Impératrice-régente ou le régent.

20. Le conseil de régence est convoqué et présidé par l'Impératrice-régente ou le régent. — L'Impératrice-régente ou le régent peuvent déléguer, pour présider à leur place, l'un des princes français faisant partie du conseil de régence ou l'un des autres membres de ce conseil.

21. Le conseil de régence délibère nécessairement, et à la majorité absolue des voix, — 1° Sur le mariage de l'Empereur ; — 2° Sur les déclarations de guerre, la signature des traités de paix, d'alliance ou de commerce ; — 3° Sur les projets de sénatus-consultes organiques. — En cas de partage, la voix de l'Impératrice-régente ou du régent est prépondérante. Si la présidence est exercée par délégation, l'Impératrice-régente ou le régent décident.

22. Le conseil de régence a seulement voix consultative sur toutes les autres questions qui lui sont soumises par l'Impératrice-régente ou le régent.

TITRE III.

DISPOSITIONS DIVERSES.

23. Durant la régence, l'administration de la dotation de la Couronne continue selon les règles établies. — L'emploi des revenus est déterminé dans les formes accoutumées, sous l'autorité de l'Impératrice-régente ou du régent.

24. Les dépenses personnelles de l'Impératrice-régente ou du régent et l'entretien de leur maison font partie du budget de la Couronne. La quotité en est fixée par le conseil de régence.

25. En cas d'absence du régent au commencement d'une minorité, sans qu'il y ait été pourvu par l'Empereur avant son décès, les affaires de l'Etat sont gouvernées, jusqu'à l'arrivée du régent, conformément aux dispositions de l'art. 5 du présent sénatus-consulte.

20 juin 1860.

SÉNATUS-CONSULTE

Interprétatif de l'article 14 du sénatus-consulte du 12 décembre 1852 sur la liste civile et la dotation de la couronne.

ART. UNIQUE. Ne sont pas compris dans l'entretien et les réparations de toute nature mis à la charge de la liste civile par l'art. 14 du sénatus-consulte du 12 déc. 1852,

Les grands travaux de reconstruction que, par suite de force majeure, d'accidents fortuits ou d'un état reconnu de vétusté, il serait nécessaire d'exécuter dans les bâtiments dépendant de la dotation immobilière de la Couronne.

24 Novembre 1860.

DÉCRET IMPÉRIAL

Concernant le Sénat et le Corps législatif, et portant création des ministres sans portefeuille.

ART. 1er. Le Sénat et le Corps législatif voteront tous les ans, à l'ouverture de la session, une adresse en réponse à notre discours.

2. L'adresse sera discutée en présence des commissaires du Gouvernement, qui donneront aux Chambres toutes les explications nécessaires sur la politique intérieure et extérieure de l'Empire.

3. Afin de faciliter au Corps législatif l'expression de son opinion dans la confection des lois et l'exercice du droit d'amendement, l'art. 54 de notre décret du 22 mars 1852 est remis en vigueur, et le règlement du Corps législatif est modifié de la manière suivante :

« Immédiatement après la distribution des projets de loi et au jour fixé par » le président, le Corps législatif, avant de nommer sa commission, se réunit en » comité secret ; une discussion sommaire est ouverte sur le projet de loi, et les » commissaires du Gouvernement y prennent part.

» La présente disposition n'est applicable ni aux projets de loi d'intérêt local » ni dans le cas d'urgence. »

4. Dans le but de rendre plus prompte et plus complète la reproduction des débats du Sénat et du Corps législatif, le projet de sénatus-consulte suivant sera présenté au Sénat :

« Les comptes rendus des séances du Sénat et du Corps législatif, rédigés par » des secrétaires-rédacteurs placés sous l'autorité du président de chaque » assemblée, sont adressés chaque soir à tous les journaux. En outre, les débats » de chaque séance sont reproduits par la sténographie et insérés *in extenso* » dans le journal officiel du lendemain. »

5. L'Empereur désignera des ministres sans portefeuille pour défendre devant les Chambres, de concert avec le président et les membres du Conseil d'Etat, les projets de loi du Gouvernement.

6. Les ministres sans portefeuille ont le rang et le traitement des ministres en fonctions ; ils font partie du Conseil des ministres et sont logés aux frais de l'Etat.

2 Février 1861.

SÉNATUS-CONSULTE

Portant modification de l'article 42 de la constitution.

L'art. 42 de la constitution est modifié ainsi qu'il suit :

Les débats des séances du Sénat et du Corps législatif sont reproduits par la sténographie et insérés in extenso dans le journal officiel du lendemain.

En outre, les comptes rendus de ces séances rédigés par des secrétaires-rédacteurs placés sous l'autorité du président de chaque assemblée sont mis chaque soir à la disposition de tous les journaux.

Le compte rendu des séances du Sénat et du Corps législatif par les journaux, ou tout autre moyen de publication ne consistera que dans la reproduction des débats insérés in extenso dans le journal officiel, ou du compte rendu rédigé sous l'autorité du président, conformément aux paragraphes précédents.

Néanmoins, lorsque plusieurs projets ou pétitions auront été discutés dans une séance, il sera permis de ne reproduire que les débats relatifs à un seul de ces projets ou à une seule de ces pétitions. Dans ce cas, si la discussion se prolonge pendant plusieurs séances, la publication devra être continuée jusqu'au vote et y compris le vote.

Le Sénat, sur la demande de cinq membres, pourra décider qu'il se forme en comité secret.

L'art 13 du sénatus-consulte du 25 décembre 1852 est abrogé en ce qu'il a de contraire au présent sénatus-consulte.

3 février 1861.

DÉCRET IMPÉRIAL

Portant règlement des rapports du Sénat et du Corps législatif avec l'Empereur et le conseil d'Etat, et établissant les conditions organiques de leurs travaux.

TITRE Ier. — DU CONSEIL D'ÉTAT.

ART. Ier. Les projets de lois et de sénatus-consultes, les règlements d'administration publique préparés par les différents départements ministériels, sont soumis à l'Empereur, qui les remet directement ou les fait adresser par le Ministre d'Etat au président du Conseil d'Etat.

2. Les ordres du jour des séances du Conseil d'Etat sont envoyés à l'avance au Ministre d'Etat, et le président du Conseil d'Etat pourvoit à ce que ce ministre soit toujours avisé en temps utile de tout ce qui concerne l'examen ou la discussion des projets de lois, des sénatus-consultes et des règlements d'administration publique envoyés à l'élaboration du Conseil.

3. Les projets de lois ou de sénatus-consultes, après avoir été élaborés au Conseil d'Etat, conformément à l'art. 50 de la Constitution, sont remis à l'Empereur par le président du Conseil d'Etat, qui y joint les noms des commissaires qu'il propose pour en soutenir la discussion devant le Corps législatif ou le Sénat.

4. Un décret de l'Empereur ordonne la présentation du projet de loi au Corps législatif, ou du sénatus-consulte au Sénat, et nomme les conseillers d'Etat chargés d'en soutenir la discussion.

5. Ampliation de ce décret est transmise avec le projet de loi ou de sénatus-consulte au Corps législatif ou au Sénat par le Ministre d'Etat.

TITRE II. — DU SÉNAT.

CHAPITRE Ier. — *Réunion du Sénat. — Formation des bureaux.*

6. Pendant la durée des sessions, le Sénat se réunit sur la convocation de son président.

Quand la session est close, les réunions du Sénat ne peuvent avoir lieu qu'en vertu d'un décret de l'Empereur.

7. Le Sénat se divise, par la voie du sort, en cinq bureaux.

Ces bureaux examinent les propositions qui leur sont renvoyées, et élisent les commissions qu'il y a lieu de nommer.

CHAPITRE II. — *Des projets de lois.*

8. Les projets de lois adoptés par le Corps législatif, et qui doivent être soumis au Sénat en exécution de l'art. 25 de la Constitution, sont, avec les décrets qui nomment les conseillers d'Etat, chargés de soutenir la discussion, transmis par le Ministre d'Etat au président du Sénat, qui en donne lecture en séance générale.

9. Le Sénat décide immédiatement, par assis et levé, s'il est nécessaire de renvoyer le projet de loi à la discussion des bureaux et à l'examen d'une commission, ou s'il peut être, sans cet examen préliminaire, passé outre à la délibération en séance générale.

10. Le Sénat n'ayant à statuer que sur la promulgation, aucune autre question que la question constitutionnelle ne peut être discutée, et le vote du Sénat ne comporte la présentation d'aucun amendement.

11. Au jour indiqué pour la délibération en séance générale, le Sénat, après la clôture de la discussion, prononcée par le président, vote sur la question de savoir s'il y a lieu de s'opposer à la promulgation.

12. Le vote n'est pas secret.

Il est pris à la majorité absolue par un nombre de votants supérieur *au tiers* de celui des membres du Sénat ; sinon il est nul et doit être recommencé.

13. Le vote est recensé par le secrétaire du Sénat, assisté de deux secrétaires élus pour chaque session.

14. Le président du Sénat proclame en ces termes le résultat du scrutin : *Le Sénat s'oppose* ou *le Sénat ne s'oppose pas à la promulgation.*

15. Le résultat de la délibération est transmis au ministre d'Etat par le président du Sénat.

Chapitre III. — *Des sénatus-consultes.*

16. L'Empereur propose les sénatus-consultes réglant les objets énumérés dans l'article 27 de la Constitution ; l'initiative de la proposition peut aussi être prise par un ou plusieurs sénateurs.

17. Les projets de sénatus-consultes proposés par l'Empereur seront portés et lus au sénat par les ministres sans portefeuille ou par les conseillers d'Etat à ce commis, discutés dans les bureaux, et examinés par une commission, qui en fera rapport en séance générale.

Ceux provenant de l'initiative des sénateurs ne seront lus en séance générale qu'autant que la prise en considération en aura été autorisée par trois au moins des cinq bureaux.

Dans ce cas le texte en sera immédiatement transmis, par le président du Sénat, au ministre d'Etat, et une commission sera nommée comme il est dit dans le paragraphe 1er du présent article.

18. Les amendements proposés sur le projet de sénatus-consulte seront, jusqu'à l'ouverture de la délibération en séance générale, renvoyés par le président du Sénat à la commission, qui exprimera son avis, soit dans son rapport principal, soit dans un rapport supplémentaire.

Les amendements produits pendant la délibération en séance générale ne seront lus et développés qu'autant qu'ils seront appuyés par cinq membres.

Le texte en sera toujours, et à l'avance, communiqué aux commissaires de Gouvernement.

La commission a le droit, qui appartient également aux commissaires du Gouvernement, de demander qu'avant le vote l'amendement lui soit renvoyé.

19. Le vote, soit sur les articles du projet de sénatus-consulte, soit sur son ensemble, a lieu conformément aux articles 12 et 13 du présent décret.

Le président en proclame le résultat en ces termes :

Le Sénat a adopté ou *le Sénat n'a pas adopté.*

20. Le résultat de la délibération est porté à l'Empereur par le président du Sénat ou par deux vice-présidents qu'il délègue.

Chapitre IV. — *Actes dénoncés au Sénat comme inconstitutionnels.*

21. Lorsqu'un acte est déféré comme inconstitutionnel par le Gouvernement au Sénat, le décret qui saisit le Sénat et qui nomme les conseillers d'Etat devant prendre part à la discussion, est transmis par le Ministre d'Etat au Président du Sénat.

Les bureaux examinent cette demande et nomment une commission sur le rapport de laquelle il est procédé au vote, conformément aux articles 12 et 13 du présent décret.

Le président proclame le résultat en ces termes :

Le Sénat maintient ou *annule.*

22. Si l'inconstitutionnalité est dénoncée par une pétition, il est procédé de la même manière.

Toutefois, et préalablement, la pétition est lue en séance générale. La question préalable peut alors être proposée, et, si elle est admise, le président prononce qu'il n'y a lieu à plus ample informé.

Si la question préalable n'est pas admise, le président du Sénat en avise le ministre d'Etat; la pétition est renvoyée dans les bureaux, et il est procédé comme en l'article précédent.

23. La décision du Sénat est transmise, par les soins du président, au ministre d'Etat.

CHAPITRE V. — *Rapports à l'Empereur sur les bases des projets de lois d'un grand intérêt national.*

24. Tout sénateur peut proposer de présenter à l'Empereur un rapport posant les bases d'un projet de loi d'un grand intérêt national.

La proposition est motivée par écrit, remise au président du Sénat, imprimée, distribuée et renvoyée dans les bureaux.

25. Si trois bureaux au moins sont d'avis de la prise en considération, le président du Sénat en avise le ministre d'Etat.

Une commission est nommée dans les bureaux, et cette commission rédige le projet de rapport à envoyer à l'Empereur.

26. Ce projet de rapport, imprimé, distribué et transmis à l'avance au ministre d'Etat, est discuté en séance générale.

Il peut être amendé dans les formes prévues par l'article 18 du présent décret.

27. Le vote sur l'adoption ou le rejet du projet de rapport a lieu conformément aux articles 12 et 13 du présent décret.

Le président du Sénat proclame le résultat en ces termes :

Le rapport est adopté, ou *Le rapport n'est pas adopté,*

28. S'il y a adoption, le rapport est envoyé par le président du Sénat, au Ministre d'Etat.

CHAPITRE VI. — *Des propositions de modification à la constitution.*

29. Toute proposition de modification à la constitution, autorisée par l'art. 31 de la constitution, ne peut être déposée par des membres du Sénat qu'autant qu'elle est signée par dix sénateurs au moins.

Quand une proposition est déposée dans ces conditions, il est procédé conformément aux articles 17 (deuxième et troisième paragraphes), 18 et 19 du présent décret.

Le résultat de la délibération est porté par le président du Sénat à l'Empereur, qui avise, conformément à l'article 31 de la constitution.

CHAPITRE VII. — *Pétitions.*

30. Les pétitions adressées au Sénat, conformément à l'article 45 de la constitution, sont examinées par des commissions nommées chaque mois dans les bureaux.

Le feuilleton des pétitions est toujours communiqué à l'avance au ministre d'Etat.

Il est fait rapport des pétitions en séance générale, et le vote porte sur l'ordre du jour pur et simple, le dépôt au bureau des renseignements, ou le renvoi au ministre compétent.

Si le renvoi au ministre compétent est prononcé, la pétition et un extrait de la délibération sont, par les ordres du président du Sénat, transmis au ministre d'Etat.

CHAPITRE VIII. — *Proclamations de l'Empereur au Sénat.*

31. Les proclamations de l'Empereur portant ajournement, prorogation ou

clôture de la session, sont portées au Sénat par les ministres ou les conseillers d'Etat à ce commis ; elles sont lues toute affaire cessante, et le Sénat se sépare à l'instant.

CHAPITRE IX. — *Dispositions communes aux chapitres précédents.*

32. Dans toutes délibérations du Sénat, le Gouvernement a le droit d'être représenté par les ministres sans portefeuille ou par des conseillers d'Etat à ce commis par des décrets spéciaux.

Les ordres du jour des séances sont toujours envoyés à l'avance au ministre d'Etat, et le président du Sénat veille à ce que tous les avis et communications nécessaires lui soient transmis en temps utile.

33. Les ministres sans portefeuille et les commissaires du Gouvernement ne sont point assujettis au tour de parole.

Ils obtiennent la parole quand ils la demandent.

CHAPITRE X. — *Rédaction, discussion et vote de l'adresse.*

34. Le projet d'adresse en réponse au discours de l'Empereur est rédigé par une commission composée du président du Sénat et d'un membre nommé par chacun des bureaux de l'assemblée.

Le projet d'adresse est lu en séance générale ; il est imprimé et distribué.

La discussion a lieu en séance générale.

Les amendements sont rédigés par écrit, remis au président, et communiqués aux commissaires du Gouvernement.

Aucun amendement n'est lu et mis en discussion s'il n'est signé par cinq membres.

Le renvoi à la commission est toujours de droit quand les commissaires du Gouvernement ou la commission le demandent.

Après avoir été voté par paragraphe, le projet d'adresse est voté dans son ensemble, les votes ont lieu conformément aux dispositions de l'article 19 du présent décret.

L'adresse est présentée à l'Empereur par une députation de vingt membres tirés au sort en séance publique. Le président et le bureau en font toujours partie. Le président porte la parole.

CHAPITRE XI. — *Administration du Sénat.*

35. Le président du Sénat le représente dans ses rapports avec l'Empereur et dans les cérémonies publiques.

Il préside les séances du Sénat.

36. En cas d'absence du président du Sénat, la présidence est exercée par le premier vice-président.

37. Le grand référendaire est, sous l'autorité du président, chargé de la direction des services administratifs et de la comptabilité. Il est le chef du personnel des employés ; il veille au maintien de l'ordre intérieur et de la sûreté.

Il délivre les certificats de vie et les passe-ports.

Il fait expédier les convocations pour les cérémonies.

38. Le secrétaire du Sénat est, sous l'autorité du président, chargé du service législatif.

Il dirige la rédaction des procès-verbaux, dont il est responsable, et qu'il présente après chaque séance à la signature du président ou du vice-président qui aura tenu la séance.

Il a la garde du sceau du Sénat, et l'appose d'après les ordres du président.

Il est chargé de l'ampliation officielle des sénatus-consultes et autres décisions du Sénat, et de l'enregistrement des décrets de l'Empereur portant nomination de sénateurs.

Il expédie les convocations pour les séances.

Il transmet aux commissions élues, pour les examiner, les pétitions adressées au Sénat.

39. Le président nomme les employés supérieurs du Sénat.

Le grand référendaire présente à la nomination du président les employés du service administratif ; le secrétaire du Sénat, ceux du service législatif.

Le grand référendaire nomme tous les gens de service.

40. Les palais du petit et du grand Luxembourg, la maison du boulevard de Sébastopol, nº 32, et la maison de la rue de Vaugirard, nº 36, le mobilier qui les garnit, les jardins et la bibliothèque, sont affectés au Sénat.

Le service du commandant militaire du palais, les adjudants et surveillants, ainsi que le service des jardins ouverts au public, sont sous les ordres du grand référendaire.

CHAPITRE XII. — *Dispositions concernant l'administration financière et la comptabilité du Sénat.*

41. La dotation du Sénat prend place, dans le budget de l'Etat, à la suite des dépenses de la dette publique.

42. Le grand référendaire propose, chaque année, au président du Sénat, le projet du budget des dépenses du Sénat.

Ce projet est approuvé par le président et transmis à la commission de comptabilité.

43. Cette commission examine et discute les dépenses proposées et rédige un rapport qu'elle présente à l'assemblée.

44. Le Sénat délibère sur les crédits applicables aux besoins de chaque exercice et vote l'ensemble du budget.

45. Le grand référendaire mandate les dépenses sur les crédits qui lui sont ouverts par les ordonnances de délégation du ministre des finances.

Ces mandats sont acquittés dans les formes et avec les justifications prescrites par les lois et réglements de la comptabilité publique.

46. Le compte de chaque exercice est présenté par le grand référendaire au président du Sénat, qui le transmet à la commission de comptabilité : celle-ci le vérifie et fait un rapport qu'elle présente au Sénat, qui l'arrête définitivement.

TITRE III. — DU CORPS LÉGISLATIF.

CHAPITRE Iᵉʳ. — *Réunion du Corps législatif. — Formation et organisation des bureaux. — Vérification des pouvoirs.*

47. Le Corps législatif se réunit au jour indiqué par le décret de convocation.

Dans toute délibération du Corps législatif, le Gouvernement est représenté par les ministres sans portefeuille et par des conseillers d'Etat à ce commis par des décrets spéciaux.

48. A l'ouverture de la première séance, le président du Corps législatif, assisté des quatre plus jeunes membres présents, lesquels remplissent les fonctions de secrétaires jusqu'à l'election de six secrétaires définitifs, procède, par la voie du tirage au sort, à la division de l'assemblée en neuf bureaux.

Les bureaux, ainsi formés, se renouvellent chaque mois, pendant la session, par la voie du tirage au sort.

Ils élisent leurs présidents et leurs secrétaires.

49. Les bureaux procèdent sans délai à l'examen des procès-verbaux d'élection, qui leur sont répartis par le président du Corps législatif, et chargent un ou plusieurs de leurs membres d'en faire le rapport en séance publique.

50. L'assemblée statue sur ce rapport ; si l'élection est déclarée valable, l'élu prête, séance tenante, ou, s'il est absent, à la première séance à laquelle il assiste, le serment prescrit par l'article 14 de la constitution et l'article 16 du sénatus-consulte du 25 décembre 1852, et le président du Corps législatif prononce ensuite son admission.

Le député qui n'a pas prêté serment dans la quinzaine du jour où son élection a été déclarée valide est réputé démissionnaire.

En cas d'absence, le sement peut être prêté par écrit, et doit être, en ce cas, adressé par le député au président du Corps législatif dans le délai ci-dessus déterminé.

51. Après la vérification des pouvoirs, et sans attendre qu'il ait été statué sur les élections contestées ou ajournées, le Corps législatif élit parmi ses membres, pour la durée de la session, six secrétaires, dont quatre, à tour de rôle, siègent au bureau pendant les séances publiques.

L'élection a lieu en séance publique, au scrutin de liste et à la majorité absolue des suffrages.

Après deux tours de scrutin, et en cas de ballottage, la majorité relative suffit.

En cas d'égalité de suffrages, le plus âgé est nommé.

Tout billet de ballotage qui contient moins de noms qu'il n'y a de nominations à faire est nul. Les secrétaires provisoires vérifient le nombre des votants ; des scrutateurs tirés au sort dépouillent le scrutin, et le président en proclame le résultat.

52. Après l'élection des secrétaires, le président fait connaître à l'Empereur que le Corps législatif est constitué.

CHAPITRE II. — *Présentation, discussion, vote des projets de loi.*

53. Les projets de lois présentés par l'Empereur sont apportés et lus au Corps législatif par les ministres sans portefeuille ou par les conseillers d'État commis à cet effet, ou transmis, sur les ordres de l'Empereur, par le ministre d'État au président du Corps législatif, qui en donne lecture en séance publique.

Ces projets de lois sont imprimés et distribués.

54. Immédiatement après la distribution des projets de loi et au jour fixé par le président, le Corps législatif, avant de nommer sa commission, se réunit en comité secret ; une discussion sommaire est ouverte sur le projet de loi et les commissaires du Gouvernement y prennent part.

La présente disposition n'est applicable ni aux projets de loi d'intérêt local, ni dans les cas d'urgence.

Après la discussion sommaire, les projets de loi sont mis à l'ordre du jour des bureaux, qui les discutent et nomment au scrutin secret, à la majorité, une commission de neuf membres chargée d'en faire le rapport.

55. Suivant la nature des projets à examiner, le Corps législatif peut décider que les commissions à nommer par les bureaux seront de dix-huit membres au lieu de neuf.

56. Les projets de lois d'intérêt local, et ceux pour lesquels l'urgence aura été déclarée, sont envoyés à l'examen des bureaux aussitôt qu'ils auront été imprimés et distribués.

57. Aucun membre du Corps législatif faisant partie de deux commissions, autres que les commissions chargées d'examiner les projets de lois d'intérêts communaux ou départementaux, ne peut être appelé à faire partie d'une troisième commission jusqu'à ce que l'une des deux premières ait déposé son rapport en séance publique.

58. Tout amendement provenant de l'initiative d'un ou plusieurs membres est remis au Président, et transmis par lui à la commission.

Toutefois aucun amendement n'est reçu après le dépôt du rapport fait en séance publique.

59. Les auteurs de l'amendement ont le droit d'être entendus dans la Commission.

60. Si l'amendement est adopté par la commission, elle en transmet la teneur au Président du Corps législatif, qui le renvoie au conseil d'État, et il est sursis au rapport de la commission jusqu'à ce que le conseil d'État ait émis son avis.

61. La commission peut déléguer trois de ses membres pour faire connaître au conseil d'État les motifs qui ont déterminé son vote. Le président du Corps législatif assiste, quand il le juge convenable, les délégués des commissions.

62. Si l'avis du conseil d'État, transmis à la commission par l'intermédiaire du président du Corps législatif, est favorable, ou qu'une nouvelle rédaction admise au conseil d'État soit adoptée par la commission, le texte du projet de loi à discuter en séance publique sera modifié conformément à la nouvelle rédaction adoptée.

Si cet avis est défavorable ou que la nouvelle rédaction admise au conseil d'Etat ne soit pas adoptée par la commission, l'amendement sera regardé comme non avenu.

63. Le rapport de la commission sur le projet de loi par elle examiné est lu en séance publique, imprimé et distribué vingt-quatre heures au moins avant la discussion, sauf le cas d'urgence déclaré par le Corps législatif sur la proposition du président. Dans ce cas l'assemblée fixe le moment de la discussion.

64. A la séance fixée par l'ordre du jour, la discussion s'ouvre et porte d'abord sur l'ensemble de la loi, puis sur les divers articles.

Avant de prononcer la clôture de la discussion, le président consulte l'assemblée. Si la parole est demandée contre la clôture, elle ne peut être accordée qu'à un seul orateur. S'il y a doute sur le vote de l'assemblée, après une seconde épreuve, la discussion continue. La clôture de la discussion prononcée, la parole n'est plus accordée que sur la position de la question.

65. Il n'y a jamais lieu de délibérer sur la question de savoir si l'on passera à la discussion des articles ; mais les articles sont successivement mis aux voix par le président.

Le vote a lieu par assis et levé ; si le bureau déclare l'épreuve douteuse, il est procédé au scrutin public.

66. S'il intervient sur un article un vote de rejet, l'article est renvoyé à un nouvel examen de la commission. Chaque député peut alors, dans la forme prévue par les articles 58 et suivants du présent décret, présenter tel amendement qu'il juge convenable.

Si la commission est d'avis qu'il y ait lieu de faire une proposition nouvelle, elle en transmet la teneur au président du Corps législatif, qui la renvoie au conseil d'Etat. Il est alors procédé conformément aux articles 60 et suivants du présent décret, et le vote qui intervient au scrutin public est définitif.

67. Après le vote sur les articles, il est procédé au vote sur l'ensemble du projet de loi.

Le vote a lieu au scrutin public et à la majorité absolue.

Le scrutin est dépouillé par les secrétaires et proclamé par le président.

La présence de la majorité des députés est nécessaire pour la validité du vote. Si le nombre des votants n'atteint pas cette majorité, le président déclare le scrutin nul, et ordonne qu'il y soit procédé de nouveau.

Les propositions de lois relatives à des intérêts communaux ou départementaux qui ne donnent lieu à aucune réclamation seront votées par assis et levé.

68. Toutes les fois qu'il y a lieu de voter par assis et levé, il est procédé au scrutin public si dix membres au moins en font la demande.

69. Le Corps législatif ne motive ni son acceptation ni son refus ; sa décision ne s'exprime que par l'une de ces deux formules :

Le Corps législatif a adopté. ou *le Corps législatif n'a pas adopté.*

70. La minute du projet de loi adopté par le Corps législatif est signée par le président et les secrétaires, et déposée dans les archives.

Une expédition, revêtue des mêmes signatures, est portée à l'Empereur par le président.

CHAPITRE III. — *Messages et proclamations adressés au Corps législatif par l'Empereur.*

71. Les messages et proclamations que l'Empereur adresse au Corps législatif sont apportés et lus en séance par les ministres ou les conseillers d'Etat commis à cet effet.

Ces messages et proclamations ne peuvent être l'objet d'aucune discussion ni d'aucun vote, à moins qu'ils ne contiennent une proposition sur laquelle il doive être voté.

72. Les proclamations de l'Empereur portant ajournement, prorogation, ou dissolution du Corps législatif, sont lues en séance publique, toute affaire cessante, et le Corps législatif se sépare à l'instant.

CHAPITRE IV. — *Tenue des séances.*

73. Le président du Corps législatif fait l'ouverture et annonce la clôture des séances. Il indique, à la fin de chacune, après avoir consulté l'assemblée, l'heure

d'ouverture de la séance suivante et l'ordre du jour, lequel sera affiché dans la salle. Cet ordre du jour est immédiatement envoyé au ministre d'État, et le président du Corps législatif veille à ce que tous les avis et communications nécessaires lui soient transmis en temps utile.

74. Aucun membre ne peut prendre la parole sans l'avoir demandée et obtenue du président, ni parler d'ailleurs que de sa place.

75. Les ministres sans portefeuille et les membres du conseil d'État chargés de soutenir, au nom du Gouvernement, la discussion des projets de lois, ne sont point assujettis au tour d'inscription, et obtiennent la parole quand ils la réclament.

76. Le membre rappelé à l'ordre pour avoir interrompu ne peut obtenir la parole.

Si l'orateur s'écarte de la question, le président l'y rappelle. Le président ne peut accorder la parole sur le rappel à la question.

Si l'orateur rappelé deux fois à la question dans le même discours continue à s'en écarter, le président consulte l'assemblée pour savoir si la parole ne sera pas interdite à l'orateur pour le reste de la séance sur la même question. La décision a lieu par assis et levé, sans débats.

77. Le président rappelle seul à l'ordre l'orateur qui s'en écarte. La parole est accordée à celui qui rappelé à l'ordre, s'y est soumis et demande à se justifier : il obtient seul la parole.

Lorsqu'un orateur a été rappelé deux fois à l'ordre dans le même discours, le président, après lui avoir accordé la parole pour se justifier, s'il le demande, consulte l'assemblée pour savoir si la parole ne sera pas interdite à l'orateur pour le reste de la séance sur la même question. La décision a lieu par assis et levé sans débats.

78. Toute personnalité, tout signe d'approbation ou d'improbation sont interdits.

79. Si un membre du Corps législatif trouble l'ordre, il y est rappelé nominativement par le président; s'il persiste, le président ordonne d'inscrire au procès-verbal le rappel à l'ordre. En cas de résistance, l'assemblée, sur la proposition du président, prononce sans débats l'exclusion de la salle des séances pendant un temps qui ne peut excéder cinq jours. L'affiche de cette décision, dans le département où a été élu le membre qu'elle concerne, peut être ordonnée.

80. Si l'assemblée devient tumultueuse et si le président ne peut la calmer, il se couvre. Si le trouble continue, il annonce qu'il va suspendre la séance. Si le calme ne se rétablit pas, il suspend la séance pendant une heure durant laquelle les députés se réunissent dans leurs bureaux respectifs. L'heure expirée, la séance est reprise ; mais, si le tumulte renaît, le président lève la séance et la renvoie au lendemain.

81. Les réclamations d'ordre du jour, de priorité et de rappel au règlement, ont la préférence sur la question principale, et en suspendent la discussion.

Les votes d'ordre du jour ne sont jamais motivés.

La question préalable, c'est-à-dire celle qu'il n'y a lieu à délibérer, est mise aux voix avant la question principale. Elle ne peut être demandée sur les propositions faites par l'Empereur.

82. Les demandes de comité secret, autorisées par l'article 44 de la Constitution, sont signées par les membres qui les font, et remises aux mains du président, qui en donne lecture, y fait droit et les fait consigner au procès-verbal.

83. Lorsque l'autorisation exigée par l'article 44 de la loi du 2 février 1852 sera demandée, le président indiquera seulement l'objet de la demande et renverra immédiatement dans les bureaux, qui nommeront une commission pour examiner s'il y a lieu d'autoriser les poursuites.

CHAPITRE V. — *Procès-verbaux et comptes rendus.*

84. La rédaction des procès-verbaux des séances, la reproduction *in extenso* des débats, et les comptes rendus prescrits par le sénatus-consulte du 2 février 1861, sont placés sous la haute direction du président du Corps législatif, et confiés à des rédacteurs spéciaux nommés par lui et qu'il peut révoquer.

85. Le procès-verbal de chaque séance constate seulement les opérations et

les votes du Corps législatif. Il est signé du président et lu par l'un des secrétaires à la séance suivante.

86. Les procès-verbaux des séances, après leur approbation par l'assemblée,
sont transcrits sur deux registres signés par le président.

87. Les comptes rendus prescrits par le sénatus-consulte du 2 février 1861
contiennent les noms des membres qui ont pris la parole dans la séance, et le
résumé de leurs opinions,

88. Un arrêté spécial du Président du Corps législatif règle la manière dont
les comptes rendus des séances seront mis à la disposition des journaux conformément aux prescriptions du sénatus-consulte du 2 février 1861.

89. Tout membre peut faire imprimer et distribuer, à ses frais, le discours
qu'il aura prononcé, et qui aura été reproduit par la sténographie officielle,
après en avoir obtenu l'autorisation d'une Commission composée du président
du Corps législatif et des présidents de chaque bureau. Cette autorisation doit
être approuvée par le Corps législatif.

L'impression et la distribution faites en contravention des dispositions qui
précèdent seront punies d'une amende de cinq cents à cinq mille francs contre
les imprimeurs, et de cinq à cinq cents francs contre les distributeurs.

CHAPITRE VI. — *Rédaction, discussion et vote de l'adresse.*

90. Le projet d'adresse en réponse au discours de l'Empereur est rédigé par
une commission composée du président du Corps législatif et d'un membre
nommé par chacun des bureaux de l'assemblée.

Le projet d'adresse est lu en comité ; il est imprimé et distribué.

La discussion a lieu en séance publique.

Les amendements sont rédigés par écrit, remis au président et communiqués
aux commissaires du Gouvernement.

Aucun amendement n'est lu et mis en discussion s'il n'est signé par cinq
membres.

Le renvoi à la commission est toujours de droit quand les commissaires du
Gouvernement ou la commission le demandent.

Après avoir été voté par paragraphe, le projet d'adresse est voté dans son
ensemble ; les votes ont lieu conformément aux dispositions des art. 65 et 67
du présent décret.

L'Adresse est présentée à l'Empereur par une députation de vingt membres
tirés au sort en séance publique. Le président et le bureau en font toujours
partie. Le président porte la parole.

CHAPITRE VII. — *Installation et administration intérieure.*

91. Le Palais-Bourbon et l'hôtel de la Présidence, avec leurs mobiliers et
dépendances, restent affectés au Corps législatif.

92. Le président du Corps législatif a la haute administration de ce Corps ; il
habite le Palais.

93. Il règle, par des arrêtés spéciaux, l'organisation de tous les services et
l'emploi des fonds affectés aux dépenses du Corps législatif.

94. Il est assisté de deux Questeurs nommés pour l'année par l'Empereur.

Les Questeurs ordonnancent conformément aux arrêtés pris par le président,
et sur la délégation de crédits faite par le ministre des finances, les dépenses
du personnel et du matériel. Le président peut leur déléguer tout ou partie de
ses pouvoirs administratifs. Les questeurs habitent au palais législatif et reçoivent un traitement.

95. Le président du Corps législatif pourvoit à tous les emplois, et prononce
les révocations quand il y a lieu.

96. Une commission de neuf membres, nommés par les bureaux à chaque
session annuelle, procède à l'apurement et au jugement des comptes du trésorier du Corps législatif, et transmet son arrêt au président de ce Corps, qui en
assure l'exécution.

CHAPITRE VIII. — *De la police intérieure du Corps législatif.*

97. Le président du Corps législatif a la police des séances et celle de l'enceinte du palais.

98. Nul étranger ne peut sous aucun prétexte, s'introduire dans l'enceinte où siègent les députés.

99. Toute personne qui donne des marques d'approbation ou d'improbation, ou qui trouble l'ordre, est sur-le-champ exclue des tribunes par les huissiers, et traduite s'il y a lieu, devant l'autorité compétente.

CHAPITRE IX. — *Congés.*

100. Aucun membre du Corps législatif ne peut s'absenter sans obtenir un congé de l'assemblée.

Les passe-ports sont signés par le président du Corps législatif, qui, sauf les cas d'urgence, ne peut les délivrer qu'après le congé obtenu.

CHAPITRE X. — *Dispositions générales.*

101. La dotation du Corps législatif est inscrite au budget immédiatement après celle du Sénat.

102. Le président pourvoit, par des arrêtés réglementaires à tous les détails de la police et de l'administration du Corps législatif.

TITRE IV. — GARDE MILITAIRE DU SÉNAT ET DU CORPS LÉGISLATIF.

103. La garde militaire du Sénat et du Corps législatif est sous les ordres du ministre de la guerre, qui s'entend à ce sujet avec le président du Sénat et avec le président du Corps législatif.

Pendant la session une garde d'honneur rend les honneurs militaires aux présidents de ces deux Corps lorsqu'ils se rendent aux séances.

104. Le décret du 31 décembre 1852 est et demeure rapporté.

28 décembre 1861.

DÉCRET

Qui modifie le paragraphe premier de l'article 34 du décret du 3 février 1861, portant règlement des rapports du Sénat et du Corps législatif avec l'Empereur et le Conseil d'Etat, et établissant les conditions organiques de leurs travaux.

ART. 1er. Le paragraphe premier de l'article 34 de notre décret du 3 février 1861, portant règlement des rapports du Sénat et du Corps législatif avec l'Empereur et le conseil d'Etat, et établissant les conditions organiques de leurs travaux, est modifié ainsi qu'il suit :

« Le projet d'adresse en réponse au discours de l'Empereur est rédigé par » une commission composée du président du Sénat et de deux membres nom- » més par chacun des bureaux de l'assemblée. »

31 décembre 1861.

SÉNATUS-CONSULTE

Qui modifie les art. 4 et 12 du sénatus-consulte du 25 décembre 1852.

ART. 1er. Le budget des dépenses est présenté au Corps législatif avec ses divisions en sections, chapitres et articles.

Le budget de chaque ministère est voté par sections, conformément à la nomenclature annexée au présent sénatus-consulte.

La répartition, par chapitres, des crédits accordés pour chaque section est réglée par décret de l'Empereur rendu en conseil d'Etat.

2. Des décrets spéciaux, rendus dans la même forme, peuvent autoriser des virements d'un chapitre à un autre dans le budget de chaque ministère.

3. Il ne pourra être accordé de crédits supplémentaires ou de crédits extraordinaires qu'en vertu d'une loi.

4. Il n'est point dérogé aux dispositions des lois existantes en ce qui concerne les dépenses d'exercices clos restant à payer, les dépenses des départements, des communes et des services locaux, et les fonds de concours pour dépenses d'intérêt public.

5. Les articles 4 et 12 du sénatus-consulte du 25 décembre 1852 sont modifiés en ce qu'ils ont de contraire au présent sénatus-consulte.

29 Décembre 1862.

DÉCRET

Fixant le nombre des députés à élire et tableau de leur nombre par département.

ART. 1er. Le nombre des députés au Corps législatif à élire par les départements pendant la période quinquennale de 1862 à 1867 est fixé à deux cent quatre-vingt-trois, conformément au tableau de répartition ci-annexé.

ART. 2. Notre ministre de l'intérieur est chargé de l'exécution du présent décret.

TABLEAU

DU NOMBRE DES DÉPUTÉS A ÉLIRE PAR CHAQUE DÉPARTEMENT.

DÉPARTEMENTS		DÉPARTEMENTS		DÉPARTEMENTS	
Ain	3	Gers	3	Puy-de-Dôme	5
Aisne	4	Gironde	5	Pyrénées (Basses-)	3
Allier	3	Hérault	3	Pyrénées (Hautes-)	2
Alpes (Basses-)	1	Ille-et-Vilaine	4	Pyrénées-Orientales	1
Alpes (Hautes-)	1	Indre	2	Rhin (Bas-)	4
Alpes-Maritimes	2	Indre-et-Loire	3	Rhin (Haut-)	4
Ardèche	3	Isère	4	Rhône	5
Ardennes	3	Jura	2	Saône (Haute-)	3
Ariége	2	Landes	2	Saône-et-Loire	5
Aube	2	Loir-et-Cher	2	Sarthe	4
Aude	2	Loire	4	Savoie	2
Aveyron	3	Loire (Haute-)	2	Savoie (Haute-)	2
Bouches-du-Rhône	4	Loire-Inférieure	4	Seine	9
Calvados	4	Loiret	3	Seine-Inférieure	6
Cantal	2	Lot	2	Seine-et-Marne	3
Charente	3	Lot-et-Garonne	3	Seine-et-Oise	4
Charente-Inférieure	4	Lozère	1	Sèvres (Deux-)	3
Cher	2	Maine-et-Loire	4	Somme	5
Corrèze	2	Manche	4	Tarn	3
Corse	2	Marne	3	Tarn-et-Garonne	2
Côte-d'Or	3	Marne (Haute-)	2	Var	2
Côtes-du-Nord	5	Mayenne	3	Vaucluse	2
Creuse	2	Meurthe	3	Vendée	3
Dordogne	4	Meuse	3	Vienne	3
Doubs	2	Morbihan	3	Vienne (Haute-)	2
Drôme	3	Moselle	3	Vosges	3
Eure	4	Nièvre	3	Yonne	3
Eure-et-Loir	2	Nord	9		
Finistère	4	Oise	3	Total	283
Gard	4	Orne	3		
Garonne (Haute-)	4	Pas-de-Calais	6		

TABLE CHRONOLOGIQUE

DE LA PREMIÈRE SÉRIE

DES LOIS POLITIQUES ET ADMINISTRATIVES.

SÉNAT.

MM.
Achard (le général baron).
Audiffret (le marquis d').
Baraguey-D'Hilliers (le maréchal comte).
Barbançois (le marquis de).
Barbaroux.
Baroche.
Barral (le vicomte de).
Barrot (Ferdinand).
Barthe.
Bassano (le duc de).
Béarn (comte de).
Beaumont (le comte de).
Beauvau (le prince de).
Belbeuf (le marquis de).
Billiet (le cardinal).
Boissy (le marquis de).
Bonald (le cardinal de).
Bonaparte (S. A. le prince Louis-Lucien).
Bonjean.
Boulay de la Meurthe (le comte).
Bourgoing (le baron de).
Bourjolly (le général de).
Bourqueney (le comte de).
Brenier.
Breteuil (le comte de).
Cambacérès (le duc de).
Canrobert (le maréchal).
Carrelet (le général).
Casabianca (le comte de).
Castelbajac (le général marquis de).
Caulincourt (de).
Cécille (le vice-amiral comte).
Chapuys-Montlaville (le baron de).
Charner (le vice-amiral).
Charon (le général).
Chasseloup-Laubat (le comte de).
Chassiron (le baron de).
Chevalier (Michel).
Clary (le comte François).
Cousin-Montauban, comte de Palikao (le général).
Cramayel (le général marquis de).
Croix (le marquis de).
Dariste.
Daumas (le général).

MM.
Delangle.
Desfossés (l'amiral Romain).
Donnet (le cardinal).
Doret.
Dumas.
Dupin (le procureur général).
Dupin (baron Charles).
Drouyn de Lhuys.
Elie de Beaumont.
Espeuilles (le marquis d').
Favre (Ferdinand).
Flahault (le général comte de).
Forey (le maréchal).
Fould (Achille).
Fourment (le baron de).
Gabriac (le marquis de).
Gemeau (le général).
Germiny (le comte de).
Goyon (le général comte de).
Girardin (le marquis Ernest de).
Goulhot de Saint-Germain (de).
Gousset (le cardinal).
Gricourt (le marquis de).
Grivel (le vice-amiral bⁿ).
Grossolles-Flamarens (le comte de).
Gros (le baron).
Grouchy (le général marquis de).
Guéronnière (le vicomte de la).
Gues-Viller (le général).
Hamelin (l'amiral).
Haussmann (le baron).
Hautpoul (le général marquis d').
Heeckeren (le baron de).
Herbillon (le général).
Herman.
Hubert-Delisle.
Husson (le général).
Ingres.
Labédoyère (le comte de).
Lacrosse (le baron de).
Ladoucette (de).
La Force (le duc de).
La Grange (le général comte de).

MM.
La Grange (le marquis de).
La Hitte (le général vicomte de).
Laity.
Lamarre (le comte A. de).
Laplace (le général marquis de).
Larabit.
La Riboisière (le comte de).
La Rochejaquelein (le marquis de).
Laroche-Lambert.
La Rüe (le général comte de).
Lavalette (le marquis de).
Lawœstine (le général marquis de).
Lebrun.
Lefebvre-Duruflé.
Le Marois (le comte).
Lemercier (le comte).
Le Prédour (le vice-amiral).
Leroy (le baron Ernest).
Le Roy de Saint-Arnaud.
Lesseps (le comte de).
Létang (le général baron).
Levasseur (le général).
Le Verrier.
Lyautey (le général).
Mac-Mahon, duc de Magenta (le maréchal de).
Magnan (le maréchal).
Magne.
Mallet.
Mathieu (le cardinal).
Maupas (de).
Mentque (de).
Mérimée.
Mésonan (de).
Mimerel de Roubaix.
Mocquard.
Monier de la Sizeranne.
Montréal (le général de).
Mortemart (le général duc de).
Moskowa (le général prince de la).
Murat (S. A. le prince Lucien).
Napoléon (S. A. I. le Prince).
Niel (le maréchal).
Padoue (le duc de).

MM.
Persigny (le duc de).
Pélissier, duc de Malakoff (le maréchal).
Pietri.
Poniatowsky (le prince).
Randon (le maréc¹ comte).
Regnaud de St-Jean-d'Angély (le maréchal comte)
Renault (le général baron).
Reveil.
Rigault de Genouilly (le vice-amiral).
Richemont (le bⁿ Paul de).
Roguet (le général comte).
Rostolan (le général).
Rouher.
Royer (de).
Saint-Simon (le général duc de).

MM.
Saulcy (de).
Schramm (le général comte de).
Ségur - d'Aguesseau (le comte de).
Siméon (le comte).
Sivry (de).
Stourm.
Suin.
Suleau (le vicomte de).
Tascher de la Pagerie (le duc de).
Tayer (Amédée).
Thierry (Amédée).
Thieullen (baron de).
Thiry (le général).
Thorigny (de).
Thouvenel.
Tourangin.

MM.
Tréhouart (le vice-amiral).
Trévise (le duc de).
Troplong (le premier président).
Turgot (le marquis).
Vaillant (le maréchal comte).
Vaïsse.
Varenne (le baron de).
Vicence (le duc de).
Villemain.
Villeneuve (comte de).
Vincent (le baron de).
Vuillefroy.
Wagram (le prince de).
Waldner de Freundstein (le général comte).
Walewski (comte).

MAISONS

DE

LEURS MAJESTÉS L'EMPEREUR ET L'IMPÉRATRICE

ET DE

S. A. LE PRINCE IMPÉRIAL.

MAISON DE L'EMPEREUR.

Ministre de la maison de l'Empereur.

S. Exc. M. le maréchal VAILLANT (G ✻) ✻, sénateur.

Grande aumônerie.

Mˢʳ N....., grand aumônier;

Mˢʳ TIRMARCHE ✻, évêque d'Arras, aumônier ;

MM. l'abbé DEVEZE ✻, vicaire général ;
l'abbé MULLOIS ✻, 1ᵉʳ chapelain ;
l'abbé VERSINI, } chapelains.
l'abbé LIABEUF, }
l'abbé LAINE ✻, chapelain, chargé des fonctions curiales.
l'abbé Oin-la-Croix ✻, secrétaire-général ;

MM. l'abbé de CUTTOLI, maître de la chapelle ;
l'abbé ALLAIN, prêtre sacristain de la chapelle.

Grand maréchal du palais.

S. Exc. M. le maréchal comte VAILLANT, (G ✻) ✻, sénateur.

Adjudant général du palais.

M. le général ROLIN (G O ✻).

Préfets du Palais.

MM. le baron de MONTBRUN (O ✻),
le baron de VARAIGNE DU BOURG (O ✻).

de VALABRÈGUE DE LAWŒSTINE ✻,
le baron MORIO DE L'ISLE ✻.

Maréchaux des logis du palais.

MM. le comte LEPIC (C ✳), premier ma-
réchal-des-logis, aide-de-camp
de l'Empereur ;
le baron Emile TASCHER DE LA
PAGERIE ✳ ;
OPPERMANN (O ✳).

Palais des Tuileries et du Louvre.

M. le général LECHESNE (G O ✳), gouverneur,

Palais de Saint-Cloud.

M. le colonel THIÉRION (C ✳), gouverneur.

Grand chambellan.

S. Exc. le duc de BASSANO (C ✳), sénateur.

Premier chambellan.

M. le comte BACCIOCHI (C ✳), surin-
tendant des spectacles de la
cour, de la musique de la chapelle et de la chambre.

Chambellans ordinaires.

MM. le duc de TARENTE (O ✳), député ;
le vicomte Olivier WALSH ✳ ;
le marquis de GRICOURT (O ✳) ;
le marquis de CHAUMONT-QUITRY
✳ ;
le marquis de CONEGLIANO ✳, député ;
le baron de BULACH ✳ ;
le vicomte de LAFERRIÈRE (O ✳) ;
le vicomte Georges d'ARJUZON ;
le marquis D'HAVRINCOURT (O ✳) ;
le marquis de TRÉVISE ✳.

Chambellans honoraires.

MM. le comte de LABÉDOYÈRE ✳, sénateur ;
le comte d'ARJUZON (O ✳), député ;
le marquis de LATOUR-MAUBOURG
(O ✳), député ;
le comte de NIEUWERKERKE (C ✳),
directeur des musées impériaux ;
le comte de CHAMPIGNY (J. P.) ✳,
député ;
le comte de LAS CASES ✳, député ;
le comte H. DE LABOURDONNAYE-
COETCAUDEC ;
le comte de LA POEZE ;
le marquis de CADORE (O ✳) ;
THOINET DE LA TURMELIÈRE ✳, député ;
le marquis VISCONTI-AJMI ;
le baron SOLIGNAC.

Cabinet particulier de l'Empereur.

MM. MOCQUARD (C ✳), sénateur, secrétaire de l'Empereur, chef de
cabinet ;

MM. SACALEY ✳, sous-chef du cabinet ;
FRANCESCHINI PIETRI ✳, attaché au
secrétariat.

Service des dons de l'Empereur.

MM. le docteur CONNEAU (C ✳), directeur ;
PEUPIN ✳, sous-directeur.

Grand Ecuyer.

N.....

Premier écuyer.

M. le général FLEURY (G O ✳), aide-de-
camp de l'Empereur.

Ecuyers.

MM. le baron de BOURGOING (O ✳) ;
le compte d'AYGUESVIVES ✳ ;
de GRAMMONT ✳ ;
le baron Edgard LEJEUNE ✳ ;
le comte de CASTELBAJAC ✳ ;
DAVILLIER (O ✳) ;
le marquis de CAUX ✳ ;
le marquis de la TOUR DU PIN
MONTAUBAN.

Ecuyer honoraire.

M. de BURGH.

Grand veneur.

S. Exc. M. le maréchal MAGNAN (G ✳)
✳, sénateur.

Premier veneur.

M. le prince de la MOSKOWA (C ✳),
sénateur, aide-de-camp de l'Empereur.

Commandant des chasses à tir.

M. le marquis de TOULONGEON (C ✳),
aide-de-camp de l'Empereur.

Lieutenants de vénerie.

MM. le baron LAMBERT, ✳ ;
le marquis de LATOUR-MAUBOURG
(O ✳), député.

Lieutenant des chasses à tir.

M. le baron DE LAGE (C ✳).

Grand maître des cérémonies.

S. Exc. le duc de CAMBACÉRÈS (G O ✳),
sénateur.

Premier maître des cérémonies.

M. le comte RODOLPHE D'ORNANO (C ✳),
député.

*Introducteurs des ambassadeurs,
maître des cérémonies.*

MM. FEUILLET DE CONCHES (C ✳) ;
le baron de LAJUS (O ✳).

Aides des cérémonies. secrétaires à l'introduction des ambassadeurs.

MM. Jules LECOCQ ✻.
le baron SIBUET ✻.

Trésorier général de la couronne.

M. BURE (O ✻).

Trésorier de la cassette particulière de Sa Majesté.

M. Charles THÉLIN ✻.

Musique de la chapelle et de la chambre.

MM. AUBER (G ✻), membre de l'Institut, directeur.
ALLARY, pianiste accompagnateur.
LABARRE ✻, inspecteur de la musique.
Jules COHEN, inspecteur honoraire.

Service de santé près de Leurs Majestés.

M. le docteur CONNEAU (C ✻), premier médecin de l'Empereur.

Médecins et chirurgiens ordinaires.

MM. ANDRAL (C ✻) ;
RAYER (C ✻) ;
JOBERT DE LAMBALLE (C ✻) ;
le baron Hippolyte LARREY (C ✻) ;
CORVISART (O ✻).

Chirurgien accoucheur.

M. le baron Paul DUBOIS (C ✻).

Médecins et chirurgiens consultants.

MM. LEVY (C ✻) ;
BOUILLAUD (O ✻) ;
Jules CLOQUET (C ✻) ;
VELPEAU (C ✻) ;
VERNOIS (O ✻) ;
MELIER (C ✻) ;
ALQUIÉ (C ✻) ;
LHÉRITIER ✻ ;
TARDIEU (O ✻).

Médecins et chirurgiens par quartier.

MM. DELAROQUE fils, ✻ ;
TENAIN, ✻ ;
LONGET (O ✻) ;
BOULU, ✻ ;
ARNAL (O ✻) ;
DE PIETRA SANTA, ✻ ;
MAFFEI ;
DAVAINE ✻.

Chirurgien dentiste.

M EVANS, ✻.

Médecin-dentiste honoraire.

M. TALMA.

Premier pharmacien.

M. ACAR, ✻.

Maison militaire de S. M. l'Empereur.

S. Exc. le maréchal comte VAILLANT (G ✻) ✻, sénateur, grand maréchal du palais, commandant la maison militaire.

M. ROLIN (G O ✻), général de division, adjudant général du palais.

Aides-de-camp de l'Empereur.

MM. le comte ROGUET (G O ✻), sénateur, général de division ;
le comte de GOYON (G ✻), général de division ;
de FAILLY (G O ✻), général de division ;
le comte de MONTEBELLO (G O ✻), général de division ;
LE BŒUF (G O ✻), général de division ;
FROSSARD (G O ✻), général de division ;
MOLLARD (G O ✻), général de division ;
le baron de BÉVILLE (C ✻), général de division ;
le prince de la MOSKOWA (C ✻), général de brigade.
FLEURY (G O ✻), général de brigade ;
de WAUBERT DE GENLIS (C ✻), colonel d'état-major ;
CASTELNAU (C ✻), colonel d'état-major ;
le marquis de TOULONGEON (C ✻), colonel d'état-major ;
le comte LEPIC (C ✻), colonel d'état-major ;
le comte REILLE (C ✻), colonel d'état-major ;
FAVÉ (O ✻), colonel d'artillerie ;

Chef de cabinet topographique de l'Empereur.

M. le baron DE BEVILLE (C ✻), général de division, aide-de-camp de l'Empereur.

Officiers d'ordonnance de l'Empereur.

MM. de VASSART ✻, chef d'escadron d'artillerie ;
STOFFEL ✻, chef d'escadron d'artillerie ;
JUMEL DE NOIRETERRE ✻, capitaine d'état-major ;
VERCHÈRE DE REFFYE ✻, capitaine d'artillerie ;
GUILLIÉ DE SUANCÉ ✻, capitaine d'infanterie ;
ROLIN ✻, capitaine d'état-major ;

MM. Duperré ✻, lieutenant de vaisseau ;

de Viel d'Espeuilles ✻, capitaine de cavalerie ;

le marquis de Galliffet ✻, capitaine de cavalerie ;

M. Bourdon de Vatry ✻, capitaine d'infanterie.

Escadron des Cent-Gardes.

M. Verly (O ✻), lieutenant-colonel, commandant.

MAISON DE S. M. L'IMPÉRATRICE.

Grande maîtresse de la maison.

Mme la princesse d'Essling.

Dame d'honneur.

Mme la duchesse de Bassano.

Dames du palais.

Mmes la comtesse de Montebello ;
la comtesse de Lézay-Marnezia ;
la baronne de Pierres ;
la marquise de Las Marismas ;
la marquise de Latour-Maubourg ;
la comtesse Labédoyère ;
la comtesse de Lourmel ;
la comtesse de la Poëze ;
la comtesse de Rayneval ;
de Sancy de Parabère, née Lefebvre-Desnouettes ;
de Saulcy :
la baronne de Viry-Cohendier.

Dame lectrice.

Mme la comtesse de Pons de Wagner.

Premier chambellan.

M. le duc de de Tascher de la Pagerie (O ✻), sénateur.

Chambellans.

MM. le vicomte Lézay-Marnezia ✻ ;
le marquis de Piennes ✻ ;
le comte de Cossé-Brissac .

Écuyers.

MM. le baron de Pierres ✻, premier écuyer.
le marquis de Lagrange ✻, écuyer.

Secrétaire des commandements.

M. Damas-Hinard (O ✻).

Bibliothécaire particulier.

M. de Saint-Albin ✻.

MAISON DU PRINCE IMPÉRIAL.

Ecuyer.

M. Bachon (O ✻).

Médecin.

M. Barthez (O ✻).

Précepteur.

M. Monnier.

Gouvernante des Enfants de France.

Mme l'amirale Bruat.

MAISON DE S. A. I. LE PRINCE NAPOLÉON.

Chambellan.

M. le comte de Rayneval (O ✻).

Chambellan honoraire.

M. le baron Mariani (O ✻).

Secrétaire particulier.

M. Hubaine ✻.

Médecin ordinaire.

M. Ricord (C ✻).

MAISON MILITAIRE.

Premier aide-de-camp.

M. Franconnière de la Morte Charens (C ✻), colonel d'état-major.

Aides-de-camp.

MM. Ferri-Pisani (O ✻), lieutenant-colonel d'état-major ;
Ragon (O ✻), lieutenant-colonel du génie ;
Georgette Dubuisson (O ✻), capitaine de frégate ;
le baron de Pussin-Amory ✻, chef d'escadron.

Officier d'ordonnance.

M. Brunet, lieutenant de vaisseau.

MAISON DE S. A. I. LA PRINCESSE CLOTILDE.

Dame d'honneur.

Mme la duchesse d'ABRANTÈS.

Dames pour accompagner.

Mmes la baronne de la RONCIÈRE-LE-NOURY, chargée du secrétariat ;
la vicomtesse Henri BERTRAND.
la baronne BARBIER.

MAISON DE S. A. I. LA PRINCESSE MATHILDE.

Dame d'honneur.

Mme la baronne de SERLAY, née de ROVIGO.

Dames pour accompagner.

Mmes F. DE REISET ;
ESPINASSE.

Chevalier d'honneur.

M. le général de division BOUGENEL (G O ✻).

Secrétaire des commandements.

M. de MARCOL.

Dame lectrice.

Mme DEFLY.

FAMILLE BONAPARTE.

CHARLES-MARIE-BONAPARTE, né le 29 mars 1746, député par la noblesse de Corse auprès du roi de France, épousa Lætitia de Ramolino, et mourut à Montpellier en 1785.

Ses huit enfants :

JOSEPH-NAPOLÉON-BONAPARTE, né à Corte le 7 janvier 1768; roi de Naples du 30 mars 1806 à 1808; roi d'Espagne du 6 juin 1808 à 1813; comte de Survilliers. Il épousa, le 1er août 1794, Marie-Julie Clary, née le 26 décembre 1777, sœur de la reine de Suède, épouse du roi Charles-Jean Bernadotte. Il mourut le 7 avril 1845.

NAPOLÉON BONAPARTE (NAPOLÉON Ier), né à Ajaccio le 15 août 1769, empereur des Français le 18 mars 1804, sacré et couronné le 2 décembre de la même année, roi d'Italie le 26 mars 1805, protecteur de la confédération du Rhin, médiateur de la confédération suisse. Il épousa : 1° le 8 mars 1796, Marie-Rose-Joséphine Tascher de la Pagerie, née à la Martinique le 24 juin 1763, veuve d'Alexandre vicomte de Beauharnais, morte à la Malmaison le 29 mai 1814, divorcée depuis 1810 (1) ; 2° le 2 avril 1810, Marie-Louise-Léopoldine-Françoise-Thérèse-Joséphine-Lucie, archiduchesse d'Autriche, née le 12 décembre 1791, déclarée, par le traité de Paris du 30 mai 1814, duchesse de Parme, Plaisance et Guastalla, morte en décembre 1847. Il mourut en captivité à l'île Sainte-Hélène le 5 mai 1821.

(1) L'impératrice JOSÉPHINE eut de son premier mariage deux enfants qui furent adoptés par l'Empereur, qui adopta aussi une cousine de l'impératrice, la princesse Stéphanie, ce qui forma la famille adoptive de l'Empereur, savoir :
Le prince EUGÈNE DE BEAUHARNAIS, né en 1782, mort à Munich, le 21 février 1824. — Il épousa la fille de Maximilien-Joseph, roi de Bavière, et eut de ce mariage six enfants, alliés aux premières familles de l'Europe.
La reine HORTENSE, mère de l'Empereur Napoléon III, mariée à Louis Bonaparte, roi de Hollande.
La princesse STÉPHANIE, grande-duchesse de Bade, née en 1789, épousa en 1806 le grand-duc de Bade dont elle eut cinq enfants.

LUCIEN BONAPARTE, né à Ajaccio en 1775, prince de Canino le 18 août 1814. Il épousa : 1° en 1795, Christine Boyer, morte en 1801 ; 2° en 1802, Alexandrine-Laurence de Blaschamp, née à Calais en 1778. Il mourut à Viterbe, le 25 juin 1840.

MARIE-ANNE-ÉLISA BONAPARTE, née à Ajaccio le 3 janvier 1777, princesse de Lucques et de Piombino, grande-duchesse de Toscane, mariée, le 5 mars 1797, au prince Félix Bacciochi, morte au mois d'août 1820, laissant deux enfants.

LOUIS BONAPARTE, père de l'empereur Napoléon III, né à Ajaccio le 2 septembre 1778, roi de Hollande du 24 mai 1805 au 1er juillet 1810 ; il épousa, le 3 janvier 1802, la princesse Hortense-Eugénie de Beauharnais, née le 10 avril 1783, fille du premier mariage de l'impératrice Joséphine avec le vicomte de Beauharnais, sœur du prince Eugène de Beauharnais, morte le 3 octobre 1837, connue plus généralement sous le nom de reine Hortense et de duchesse de Saint-Leu. Il mourut le 25 juillet 1846.

MARIE-PAULINE BONAPARTE, grande-duchesse de Guastalla, le 30 mars 1806, mariée : 1° au général Leclerc ; 2° le 6 novembre 1803 au prince Camille Borghèse. Morte sans enfant.

MARIE-ANNONCIADE-CAROLINE BONAPARTE, née à Ajaccio le 25 mars 1782, mariée, le 20 janvier 1800, à Murat, roi de Naples, le 15 juillet 1808. Morte à Florence, sous le nom de comtesse de Lipona, le 18 mai 1839.

JÉRÔME BONAPARTE, né à Ajaccio le 15 décembre 1784, roi de Westphalie du 1er décembre 1807 au 26 octobre 1813 ; prince de Montfort, PRINCE DE LA FAMILLE IMPÉRIALE. Il a épousé : 1° le 27 décembre 1803, Elisabeth Patterson ; 2° le 22 août 1807, Frédérique-Catherine-Sophie-Dorothée, princesse royale de Wurtemberg, née le 21 février 1783, morte le 28 novembre 1835, Il mourut à Villegenis le 24 juin 1860.

Les deux enfants de Joseph Bonaparte.

ZÉNAÏDE-CHARLOTTE-JULIE BONAPARTE, née à Paris le 8 juillet 1804, mariée à son cousin Charles-Lucien-Jules-Laurent Bonaparte, prince de Canino et de Mucignano, fils de Lucien, frère de l'Empereur, morte le 8 août 1854.

CHARLOTTE BONAPARTE, mariée à son cousin le prince Napoléon-Louis Bonaparte, fils du roi Louis, veuve le 17 mars 1831, morte en 1839.

Fils de Napoléon Ier.

NAPOLÉON-FRANÇOIS-CHARLES-JOSEPH-BONAPARTE (NAPOLÉON II), né à Paris le 20 mars 1811, prince impérial des Français, roi de Rome, duc de Reichstadt, mort à Vienne, le 20 juillet 1832.

Les onze enfants de Lucien Bonaparte.

CHARLOTTE BONAPARTE, née en 1796, mariée au prince Gabrielli, dont elle a eu un fils et trois filles.

CHRISTINE-ÉGYPTA BONAPARTE, née en 1798, mariée, en 1824, à lord Dudley-Stuart, morte en 1847. Son fils FRANK DUDLEY-STUART est officier dans l'Inde.

CHARLES-LUCIEN-JULES-LAURENT BONAPARTE, né à Paris le 24 juin 1803, prince de Canino et de Mucignano, membre correspondant de l'Institut de France, fondateur des congrès scientifiques d'Italie. Il a épousé, le 28 juin 1822, sa cousine Zénaïde Bonaparte, fille du roi Joseph. Mort à Paris, en 1857.

LÆTITIA BONAPARTE, née à Milan, le 1er décembre 1804, mariée à Thom. Wise, membre du Parlement d'Angleterre.

LOUIS-LUCIEN BONAPARTE, né à Tornigrow (Worcester), le 4 janvier 1813. Élu à l'Assemblée nationale législative le 8 juillet 1849 par 124,726 suffrages dans le département de la Seine, sénateur, prince de la famille impériale.

PIERRE-NAPOLÉON BONAPARTE, né à Rome le 12 septembre 1815, chef de bataillon à la légion étrangère en Algérie, élu, en 1848, par le département de la Corse, représentant du peuple à l'assemblée nationale.

ANTOINE BONAPARTE, né à Tusculum, le 31 octobre 1816.

ALEXANDRINE-MARIE BONAPARTE, née à Rome en 1818, mariée au comte Vincent Valentini.

CONSTANCE BONAPARTE, née à Bologne en 1823, religieuse au Sacré-Cœur à Rome.

PAUL BONAPARTE, mort en Grèce.

JEANNE BONAPARTE, mariée au marquis Honorati.

Les dix enfants de Charles-Lucien :

JOSEPH - LUCIEN - CHARLES - NAPOLÉON BONA-
PARTE, prince de Mucignano, né à Philadelphie,
le 18 février 1824.

LUCIEN-LOUIS-JOSEPH-NAPOLÉON BONAPARTE,
né à Rome, le 15 novembre 1828.

JULIE-CHARLOTTE-ZÉNAÏDE-PAULINE-LÆTITIA-
DÉSIRÉE BARTHOLOMÉE BONAPARTE, née à Rome,
le 6 Juin 1830.

CHARLOTTE-HONORINE-JOSÉPHINE BONAPARTE,
née à Rome, le 6 mars 1832.

MARIE-DÉSIRÉE - EUGÉNIE-JOSÉPHINE-PHILO-
MÈNE BONAPARTE, née à Rome, le 18 mars 1835.

AUGUSTE-AMÉLIE-MAXIMILIENNE-JACQUELINE
BONAPARTE, née à Rome, le 9 novembre 1836.

NAPOLÉON-GRÉGOIRE-JACQUES-PHILIPPE BO-
NAPARTE, né à Rome, le 5 février 1839,

BATHILDE-ALOÏSE BONAPARTE, née à Rome, le
26 novembre 1840.

ALBERTINE-MARIE-THÉRÈSE BONAPARTE, née
à Florence, le 12 mars 1842, morte le 3 juin
1842.

CHARLES-ALBERT BONAPARTE, né le 22 mars
1843.

Les deux enfants d'Élisa Bonaparte :

1° NAPOLEONE-ÉLISA BACCIOCHI, née
le 3 juin 1806, mariée au comte Ca-
merata.

2° FRÉDÉRIC BACCIOCHI, né en 1813,
mort à Rome d'une chute de cheval.

Les trois enfants de Louis-Bonaparte :

NAPOLÉON-CHARLES BONAPARTE, né à
Paris, le 10 octobre 1802, prince royal
de Hollande le 5 juin 1806, mort à la
Haye le 5 mai 1807.

NAPOLÉON-LOUIS BONAPARTE, grand-
duc de Berg et de Clèves, né à Paris,
le 11 octobre 1804. Il avait épousé sa
cousine la princesse Charlotte, fille du
roi Joseph. Il est mort à Forli, le 17
mars 1831, sans postérité.

CHARLES-LOUIS-NAPOLÉON BONAPARTE
(NAPOLÉON III), né à Paris, le 20 avril
1808, élu, en 1848, par quatre départements à l'Assemblée nationale. Nommé président de la république fran-
çaise, par 5,774,020 suffrages, le 10
décembre 1848. Elu EMPEREUR DES
FRANÇAIS le 2 décembre 1852, par
7,439,216 suffrages. Marié le 29 janvier 1853, à Marie-EUGÉNIE de Guz-
man et Porto-Carrero, comtesse de
Teba, avec grandesse en 1688, marquise de Ardales de Osera, de Moya,
comtesse de Ablitas, de Banos, avec

grandesse en 1612, de Mora, avec
grandesse en 1613, de Santa-Cruz de
la Sierra, vicomtesse de la Calzada,
née en 1826 du comte de Montijo et
de Marie-Manuele Kirck-Patrick de
Flasburn.

Fils de l'Empereur Napoléon III.

NAPOLÉON-EUGÈNE-LOUIS-JEAN-JOSEPH BONA-
PARTE, prince impérial, né à Paris, le 16 mars
1856.

Les quatre enfants de Caroline Murat.

NAPOLÉON - ACHILLE - CHARLES - LOUIS
MURAT, prince royal des Deux-Siciles,
né le 21 janvier 1801, mort le 15 avril
1847.

LÆTITIA-JOSEPH MURAT, née le 25
avril 1802, mariée au prince Pepoli.

LUCIEN - CHARLES - JOSEPH - FRANÇOIS-
NAPOLÉON MURAT, né le 16 mars 1803,
élu en 1848 représentant du peuple à
l'Assemblée nationale.

LOUISE-JULIE-CAROLINE MURAT, née
le 22 mars 1805, mariée au comte
Rasponi à Ravenne.

Les trois enfants de Jérôme Bonaparte.

JÉRÔME-NAPOLÉON BONAPARTE, prince
de Montfort, né à Trieste, le 24 août
1814, colonel du 8e régiment de ligne,
au service de son oncle le roi de Wurtemberg. Il est mort en 1847.

MATHILDE-LÆTITIA-WILHELMINE BO-
NAPARTE, princesse de Montfort, née à
Trieste le 27 mai 1820, mariée en 1841
au prince Demidoff de San-Donato.
Princesse de la famille impériale.

NAPOLÉON-JOSEPH-CHARLES-PAUL BO-
NAPARTE, prince de Montfort, prince
impérial, né à Trieste, le 7 septembre
1822, ancien capitaine au 8e régiment
de ligne, au service de son oncle le roi
de Wurtemberg, élu en 1848 par la
Corse à l'Assemblée nationale, prince
de la famille impériale, marié le 30
janvier 1859 à S. A. R. la princesse
Louise-Thérèse-Maria-Clotilde de Savoie, née le 2 mars 1843.

Fils de Napoléon-Joseph-Charles-
Paul Bonaparte.

NAPOLÉON VICTOR-JÉRÔME-FRÉDÉRIC, né à
Paris le 18 juillet 1862.

ÉLECTIONS LÉGISLATIVES DE 1863.

—◇◇◇—

Inscrits.	Votants.	Pour le Gouvernem^t	Voix diverses.
9,938,685	7,262,623	5,308,254	1,954,360

LISTE ALPHABÉTIQUE DES DÉPUTÉS AU CORPS LÉGISLATIF.

MM.

ABBATUCCI (Severin). — Corse.
AIGUEVIVES (le comte d'). — Haute-Garonne.
ALBUFÉRA (le duc d'). — Eure.
ANCEL. — Seine-Inférieure.
ANDELARRE (d'). — Haute-Saône.
ANDRÉ. — Charente.
ANDRÉ (Ernest). — Gard.
ANDRIEU. — Puy-de Dôme.
ARJUZON (d'). — Eure.
ARMAN. — Gironde.
AUBIGNY (d'). — Sarthe.
AYMÉ. — Vosges.
BALAY (Francisque). — Loire.
BARBANTANE (de). — Saône-et-Loire.
BARBET (Henri). — Seine-Inférieure.
BARTHOLONI. — Haute-Savoie.
BEAUCHAMP (Robert de). — Vienne.
BEAUVEAU (le prince Marc de). — Sarthe.
BEAUVERGER (de). — Seine-et-Marne.
BELLEYME (de). — Dordogne.
BELDIARD. — Gers.
BELMONTET (de). — Tarn-et-Garonne.
BENOIST (le baron de). — Meuse.
BERTRAND. — Calvados.
BERRYER. — Bouches-du-Rhône.
BODIN. — Ain.
BOIGNE (de). — Savoie.
BOIS DE MOUZILLY. — Finistère.
BOISSY-D'ANGLAS (le comte). — Ardèche.
BOITTELLE (Ed.). — Nord.
BOUCAUMONT. — Nièvre.
BOUCHETAL-LAROCHE. — Loire.
BOURCIER DE VILLERS (le comte). — Vosges.
BOURLON. — Vienne.
BOURNAT. — Bouches-du-Rhône.
BRAME. — Nord.
BRAVAY. — Gard.
BROYHER DE LITTINIÈRE. — Manche.
BUCHER DE CHAUVIGNÉ. — Maine-et-Loire.

MM.

BULACH (de). — Bas-Rhin.
BUQUET. — Meurthe.
BUSSON. — Arriége
CAFFARELLI. — Ille-et-Vilaine.
CALLEY SAINT-PAUL. — Haute-Vienne.
CALVET-ROGNIAT. — Aveyron.
CAMPAIGNO (le comte de). — Haute-Garonne.
CARUEL DE SAINT-MARTIN (le baron). — Seine-et-Oise.
CAULAINCOURT (le marquis de). — Calvados.
CAZELLES. — Hérault.
CHADENET. — Meuse.
CHAGOT. — Saône-et-Loire.
CHAMBRUN (le comte de). — Lozère.
CHAMPAGNY (de) Côtes-du-Nord et Morbihan.
CHAPUYS-MONTLAVILLE (le baron de). — Saône-et-Loire.
CHARLEMAGNE. — Indre.
CHASTELUS (de). — Loire.
CHAUCHARD. — Haute-Marne.
CHAZOT (de). — Orne.
CHEVALIER (Auguste). — Aveyron.
CHEVANDIER DE VALDRÔME. — Meurthe.
CHISEUIL (de) — Saône-et-Loire.
CHRISTOPHLE. — Puy-de-Dôme.
CLARY (le vicomte). — Loir-et-Cher.
CŒHORN (de). — Bas-Rhin.
COLBERT-CHABANNAIS (de). — Calvados.
CONEGLIANO (de). — Doubs.
CONNEAU. — Somme.
CONSEIL. — Finistère.
CORBERON (le baron de). — Oise.
CORNEILLE. — Seine-Inférieure.
CORTA. — Landes.
COSSERAT. — Somme.
COUÉDIC (du). — Finistère.
COULAUX. — Bas-Rhin.
CREUZET. — Cantal.
CROSNIER. — Loir-et-Cher.

MM.

Curé. — Gironde.
Dabeaux. — Aude.
Daguilhon-Pujol. — Tarn.
Dalloz. — Jura.
Dalmas (de). — Ille-et-Vilaine.
Dambry. — Seine-et-Oise.
Darblay. — Seine-et-Oise.
Darimon. — Seine.
David (le baron Jérôme). — Gironde.
David (Ferdinand). — Deux-Sèvres.
David-Deschamps. — Orne.
Dein. — Finistère.
Delamarre. — Creuse.
Delavau. — Indre.
Delebecque. — Pas-de-Calais.
Deltheil. — Lot.
Descours. — Rhône.
Desmaroux de Gaulmin. — Allier.
Deveau de Robiac. — Gard.
Didier. — Ariége.
Dollfus. —Lot-et-Garonne.
Dorian. — Loire.
Douesnel. — Calvados.
Drouot. — Meurthe.
Duplan. — Haute-Garonne.
Dupont (Paul). — Dordogne.
Escuassériaux (le baron). — Charente-Inférieure.
Etcheverry. — Basses-Pyrénées.
Faugier. — Isère.
Favre (Jules). — Rhône et Seine.
Fay de la Tour-Maubourg. — Haute-Loire.
Fleury (Anselme) — Loire-Inférieure.
Flocart de Mépieu. — Isère.
Fould (Adolphe) — Hautes-Pyrénées.
Fould (Edouard). — Allier.
Fouquet (Philémon). — Eure.
Garnier (Maurice). — Hautes-Alpes.
Gavini-Sampiéro. — Corse.
Geiger (de). — Moselle.
Gellibert des Seguins. — Charente.
Geoffroy de Villeneuve. — Aisne.
Girou de Buzareingues. — Aveyron.
Glais-Bizoin. — Côtes-du-Nord.
Godard-Desmaretz. — Nord.
Gonsse (le général). — Tarn.
Gouin. — Indre-et-Loire.
Grammont (de). — Haute-Saône.
Granier de Cassagnac. — Gers.
Gressier. — Somme.
Gros (Aimé). — Haut-Rhin.
Grouchy (de). — Loiret.
Guéroult (Adolphe). — Seine.
Guillaumin. — Cher.
Guilloutet (de). — Landes.
Guistière (de la). — Ille-et-Vilaine.
Haentjens. — Sarthe.
Haudos. — Marne.
Hauteville (le général d'). — Ardèche.
Havin. — Manche et Seine.

MM.

Havrincourt (d'). — Nord.
Hébert. — Aisne.
Hennoque. — Moselle.
Hénon. — Rhône.
Hérambault (d'). Pas-de-Calais.
Herlincourt (d'). — Pas-de-Calais.
Hervé de Saint-Germain. — Manche.
Janvier. — Tarn-et-Garonne.
Janzé (de). — Côtes-du-Nord.
Javal (L.). — Yonne.
Jeaucourt. — Seine-et-Marne.
Jonage (le comte de). — Ain.
Josseau. — Seine-et-Marne.
Jubinal. — Hautes-Pyrénées.
Kercado. — Morbihan.
Kerveguen (de). — Var.
Kolb-Bernard. — Nord.
Lacroix Saint-Pierre. — Drôme.
Ladoucette (le baron de). — Ardennes.
Lafond de Saint-Mur. — Corrèze.
Lagrange (le comte de). — Gers.
Lambrecht. — Nord.
Lanjuinais (de). — Loire-Inférieure.
Larrabure. — Basses-Pyrénées.
Las-Cases (le comte de). — Maine-et-Loire.
Lasnonnier. — Deux-Sèvres.
Latour (de). — Côtes-du-Nord.
Latour-du-Moulin. — Doubs.
Laugier de Chartrouse (le baron de). — Bouches-du-Rhône.
Lebreton (le général). — Eure-et-Loir.
Leclerc d'Osmonville. — Mayenne.
Lecomte. — Yonne.
Ledier. — Seine-Inférieure.
Lefébure. — Haut-Rhin.
Le Gorrec. — Côtes-du-Nord.
Le Hon (le comte Léopold. — Ain.
Lemaire. — Oise.
Le Melorel de la Haichois. — Morbihan.
Lepeletier d'Aunay. — Nièvre.
Leroux. — Deux-Sèvres.
Leroux (A.). — Vendée.
Lescuyer d'Attainville. — Var.
Lespérut (le baron de). — Haute-Marne.
Louvet. — Maine-et-Loire.
Lubonis. — Alpes-Maritimes.
Luzy-Pellissac (le général de). — Drôme.
Malézieux. — Aisne.
Mame. — Indre-Loire.
Marey-Monge. — Côte-d'Or.
Marie. — Bouches-du-Rhône.
Marmier (de). — Haute-Saône.
Martel. — Pas-de-Calais.
Masséna de Rivoli. — Alpes-Maritimes.
Mathieu. — Corrèze.
Mège. — Puy-de-Dôme.
Mercier (le baron). — Mayenne.

MM.
MESLIN (le général). — Manche.
MILLET. — Vaucluse.
MILLON. — Meuse.
MONTAGNAC (de). — Ardennes.
MONTJOYEUX (de). — Nièvre.
MORGAN (de). — Somme.
MORIN. — Drôme.
MORNY (le duc de). — Puy-de-Dôme.
MURAT (le comte). — Lot.
NESLE (le comte de). — Cher.
NOGENT SAINT-LAURENS. — Loiret.
NOUALHIER (Armand). — Hte-Vienne.
NOUBEL. — Lot-et-Garonne.
OLLIVIER (Emile). — Seine.
O'QUIN. — Basses-Pyrénées.
ORNANO (le comte d'). — Yonne.
PAGÉZI. — Hérault.
PALLUEL. — Savoie.
PAMARD. — Vaucluse.
PARCHAPPE (le général). — Marne.
PARIEU (de). — Cantal.
PELLETAN (Eugène). — Seine.
PEREIRE (Emile). — Gironde.
PEREIRE (Eugène). — Tarn.
PEREIRE (Isaac). — Pyrénées-Orientales.
PERRAS. — Rhône.
PETIT (Guillaume). — Eure.
PICARD (Ernest). — Seine.
PICCIONI. — Haute-Garonne.
PIÉRON-LEROY. — Pas-de-Calais.
PIERRES (le baron de). — Mayenne.
PINARD (Al.). — Pas-de-Calais.
PIRÉ (de). — Ille-et-Vilaine.
PISSARD. — Haute-Savoie.
PLANAT. — Charente.
PLANCY (de). — Oise.
PLANCY (le baron de). — Aube.
PLICHON. — Nord.
POEZE (de la). — Vendée.
POUYER-QUERTIER. — Seine-Inférieure.
QUESNÉ. — Seine-Inférieure.
QUINEMONT (de). — Indre-et-Loire.
RAMBOURGT (le vicomte de). — Aube.
RAVINEL (de). — Vosges.

RÉGUIS (le colonel). — Basses-Alpes.
REILLE (le vicomte). — Eure-et-Loir.
REINACH (de). — Haut-Rhin.
RENOUARD DE BUSSIÈRE. — Bas-Rhin.
RICHARD (Maurice). — Seine-et-Oise.
RICHEMONT (de). — Lot-et-Garonne.
ROCHEMURE (le comte de). — Ardèche.
ROLLE. — Côte-d'Or.
ROMEUF (de). — Haute-Loire.
ROQUES-SALVAZA. — Aude.
ROTOURS (des). — Nord.
ROULLEAUX-DUGAGE. — Hérault.
ROY-BRY. — Charente-Inférieure.
ROY DE LOULAY. — Charente-Inférieure.
ROYER (Casimir). — Isère.
RUDEL DU MIRAL. — Puy-de-Dôme.
SAINTE-HERMINE (de). — Vendée.
SALLANDROUZE DE LAMORNAIX. — Creuse.
SCHNEIDER. — Saône-et-Loire.
SEGRIS. — Maine-et-Loire.
SENECA. — Somme.
SEYDOUX. — Nord.
SIBUET (le baron). — Ardennes.
SIMON (Joseph). — Loire-Inférieure.
SIMON (Jules). — Seine.
SOUBEYRAN (de). — Vienne.
TAILLEFER. — Dordogne.
TALABOT. — Gard.
TALHOUET (de). — Sarthe.
TARENTE (le duc de). — Loiret.
TERME. — Rhône.
THIERS. — Seine.
THOINNET DE LA TURMELIÈRE. — Loire-Inférieure.
TORCY (le marquis de). — Orne.
TOULONGEON (de). — Jura.
TRAVOT (le baron). — Gironde.
VAST-VIMEUX. — Charente-Inférieure.
VEAUCE (le baron de). — Allier.
VERNIER. — Côte-d'Or.
VILCOQ. — Aisne.
VOIZE (de). — Isère.
WELLES DE LA VALETTE. — Dordogne.
WENDEL (de). — Moselle.
WERLÉ. — Marne.
WEST. — Haut-Rhin.

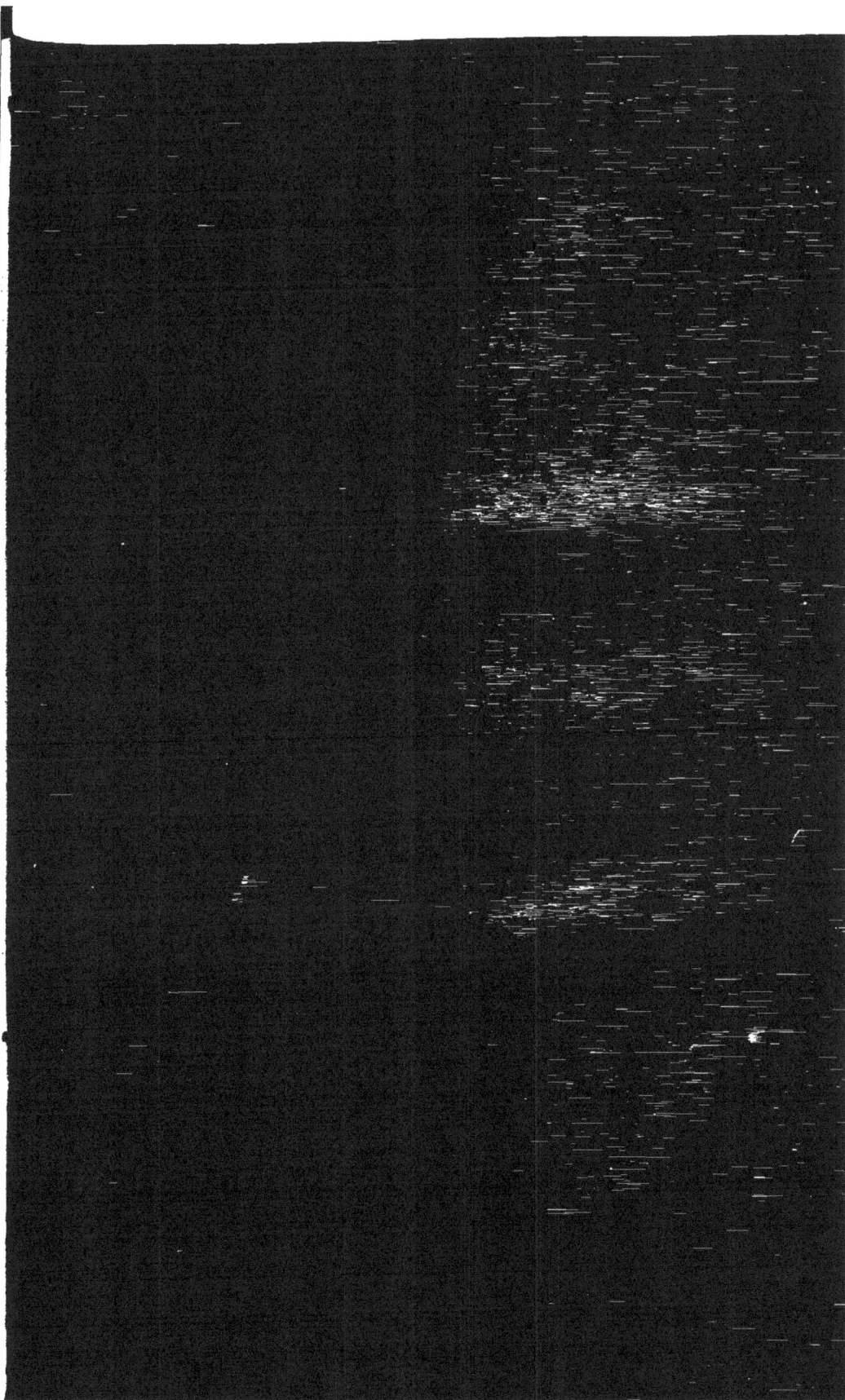

www.ingramcontent.com/pod-product-compliance
Lightning Source LLC
Chambersburg PA
CBHW071259200326
41521CB00009B/1834